「男人總是這副德性……」
「所以說女人就是……」

獻給想解開男女不解之謎的你

「女人為什麼話總是那麼多呢？……」

「為什麼有那麼多男人不肯好好聽人說話呢？」

「實在搞不懂女人講起電話總是沒完沒了，電子郵件老是拖泥帶水。」

「為什麼多數的男人寫信、講電話總是那麼平淡無趣？」

「為什麼男人都不了解我的心情？」

「為什麼女人會悶聲不響地突然發脾氣呢？……」

「我怎麼可能記得每一件跟她在一起的芝麻小事……」
「我們兩人的重要紀念日，他竟然忘了，真差勁！」

「我的男性上司，根本無視我的努力……」
「我的女性上司，對我下的指示總是很瑣碎……」

「我希望她能多讚美我一點！」
「我希望他能更常對我說，他喜歡我。」

時常可以聽到許多人發出這樣的心聲。

為什麼男人和女人的行為表現有這麼大的差異呢？

明明不論工作或私人生活，都希望「和對方建立良好關係」，為什麼總是會發生爭執呢？

那是因為**男人和女人，本質原本就不一樣**。

從心理學觀點來看，只要了解男人和女人的特徵，就會發現各項令人驚奇的差異。

這絕不是男性或女性的個性比較差，或是懷著什麼惡意。

本書針對從男女外在的觀察後，了解的各種男女典型、男人的個性特徵、女人的個性特徵、男女思考的差異或行為差異、男女共通的部分、男女能夠順利相處的祕訣……等，從各個不同角度加以解說有關「男」、「女」的各項特質。

只要確實了解男女的差異，男女就更能理解彼此。

建立良好關係絕非難事。

期盼務必將本書運用在你的工作或私人生活中。

二〇一七年一月　齊藤勇

圖解隨心所欲操控人心的「男女暗黑心理學」

第2章 男人的性格特徵

第3章 女人的性格特徵

第4章 男女在溝通上的特徵差異

第5章 男女在戀愛、結婚觀上的特徵差異

第1章

從外表、服裝、動作了解男女差異

從臉部了解男性心理

臉部隱藏著當事人的本質。我們就看看臉部所表現的男人性格特徵吧！

戴墨鏡

●既是傲慢，也是害羞
●有為數不少的人，志在成為藝術家
●戀愛關係中希望比對方更占上風
●渴望被愛勝過去愛別人

習慣性摸鼻子

●自我意識過剩
●對任何事都很軟弱
●屬於自省且慎重型
●容易受他人影響

和有習慣性摸鼻子的男人相處方式及注意事項

・對於強勢地接近，反而容易屈服
・有很多不滿也不會說出口，所以容易產生嫌隙
・厭惡爭吵，傾向讓時間沖淡一切
・說謊時會摸鼻子

戴耳環

●對現狀抱著不滿且仍未消除
●所戴的耳環數量就是不滿的程度多寡
●個性愛現

下巴留鬍子

●容易受傷、個性愛撒嬌
●有想成為強勢男人的表現
●對於身為男性的自己是否強勢會感到不安
●希望周遭的人認為自己是「強勢的男人」
●想成為領導者

和下巴留鬍子的男人相處方式及注意事項

・容易屈服於能認同自己是強勢男人的女性
・告訴他「你真可靠」、「有你在就能安心」等話語
・反覆告訴對方這些話能產生正面效果

上唇留鬍子

●自戀型
●愛打扮
●自我中心
●希望受歡迎

和上唇留鬍子的男人相處方式及注意事項

・多關心他的外表
・多多讚美他就對了

從體型、髮型就能了解男人的典型

體型、髮型能表現出當事人的性格。不妨了解一下各個典型吧！

體　型

瘦長型

- 認真
- 十分謹慎
- 計畫性
- 非社交型

肥胖型

- 開朗
- 溫和
- 感情起伏大

肌肉結實型

- 一絲不苟
- 正義感強烈
- 頑固
- 執念強烈

髮 型

短髮

●可靠
●支配型
●重視規範
●工作至上主義

光頭

●有氣魄
●成為領導者就會有幹勁
●能徹底支持他人
●缺乏彈性
●重視傳統

長髮

●會避免與人爭吵
●蓋住耳朵→想阻絕外界資訊
●想成為藝術家
●感情豐富

金髮

●自我表現欲很強
●很有自信
●希望獲得認同
●尋求獨特性

從隨身物品了解男性心理

鞋子、手錶、皮包等平時戴在身上或隨身攜帶的物品，能夠呈現使用者講究什麼。以下從隨身物品解說男性心理及典型。

鞋　子

無鞋帶的鞋子

- 活躍積極
- 重視實用及功能
- 不拘泥型式，愛好自由
- 業績第一

有鞋帶的鞋子

- 重視社會規範
- 壓抑情緒
- 彬彬有禮
- 重視能否出人頭地

整個包住腳的鞋子

- 自我防衛本能強烈
- 心思纖細
- 缺乏自信
- 渴求愛情

腳踝露出的鞋子（例如涼鞋）

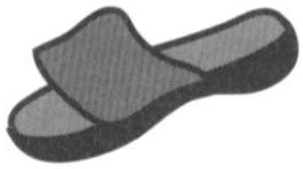

- 自由奔放
- 性格爽朗
- 討厭受束縛
- 不在意周遭的評價

手　錶

機械手錶

- 優柔寡斷
- 能體貼及顧慮他人
- 遵守紀律
- 不擅長果斷決定

電子手錶

- 重視功能
- 重視安全
- 壓抑情緒
- 避免冒險

便宜的手錶

- 缺乏執念
- 喜新厭舊
- 重視內在勝過外表
- 有節約的傾向

名牌手錶

- 希望出人頭地
- 重視地位及外表
- 講究排場
- 自我表現慾強烈
- 沒有自信

不戴手錶

- 自由自在
- 討厭束縛
- 對於許多事情較散漫
- 不喜歡遵守規範
- 自我中心

皮　包

托特包

我行我素
自我防衛本能較弱
比起外表更重視實力

背包

●十分謹慎
●合理而具行動力
●重視健康勝過禮儀
●重視自由勝過出人頭地

公事包

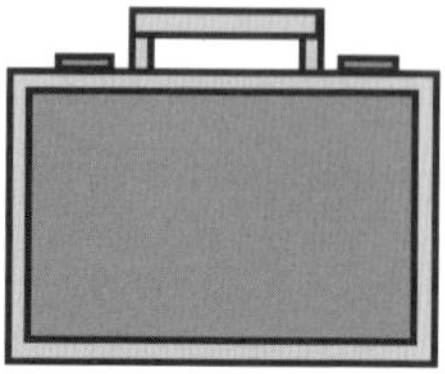

防衛本能強烈
喜怒不形於色
有個人想法，而且平時就
恪守這些想法
重視外表
重視功能

手拿包

●希望展現出自己很時尚的樣子
●重視藝術感
●重視數據勝過直覺
●喜愛流行事物

慣用的舊皮包

- 很有自我的堅持
- 頑固
- 保守
- 毫不在乎
- 對追求時尚興趣索然

附有許多夾層、口袋的皮包

- 完美主義
- 對不完善的事物有壓力
- 喜歡整理收拾

附鎖的皮包

- 防衛性格
- 沒有安全感
- 與人交往十分謹慎
- 接受炮友關係

大皮包

- 安心是最重要的事
- 容易杞人憂天
- 不重視外表的類型

從打扮了解男性心理

根據男人的穿著打扮，可以看出隱藏的心理狀態。

追求流行時尚的打扮

- 希望表現出帥氣的一面
- 希望受注目、被讚美
- 極度擔心被其他人孤立
- 缺乏自信
- 依賴心很重

時常戴著帽子

- 自我意識過剩
- 時常在意他人眼光
- 重視知識能力
- 擅長關懷別人
- 擅長察言觀色
- 擅長溝通
- 有著不想為人知的一面，抱著自卑感
- 希望成為頂尖人物的欲望強烈

身上配戴很多首飾

●希望受注目
●傾向坐享其成而依賴他人
●缺乏自信
●首飾給人的印象＝自己想變成的模樣

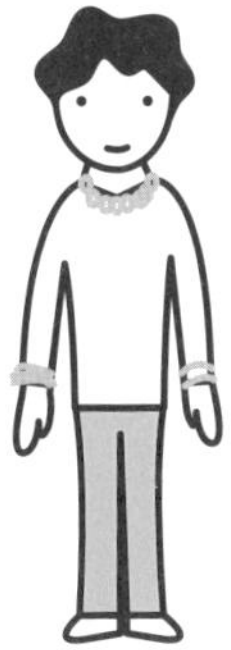

（例）大而有稜有角的首飾……塑造令人畏懼、看起來強勢、帥氣等印象。

配戴純裝飾的眼鏡

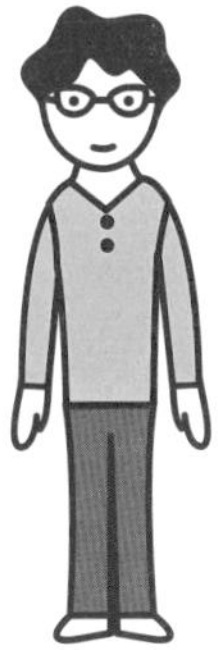

●希望看起來有知性感
●對長相有自卑感
●對現在的自己缺乏自信
●希望成為其他人

眼鏡的類別：自己想成為的類型

方型鏡框：希望表現知性感

波士頓框：希望表現沉穩、柔和的印象

眉框眼鏡：希望讓臉部印象更清楚

圓形（Round）鏡框：希望呈現溫柔、落落大方的印象

從對女性的腰、胸喜好了解男性本能

許多男人都會被纖細的腰身、豐滿的胸部所吸引，本文解說一下其中的原因。

男性喜愛豐滿胸部的原因

許多男性喜愛女性豐滿的胸部，其實這不是沒有原因。

- 基於「盡可能希望基因在良好狀態下傳宗接代」的生物本能，所以只要是還未生育過的年輕女性，就會受到吸引。
- 豐滿的胸部，就生理來看是「尚未有過生產經驗」、「年輕女性」的證明。

換句話說，因為想遺留基因的本能，而受到胸部豐滿的女性吸引。

有種說法是：豐滿的胸部不是為了哺乳，而是為了擇偶才進化。

男性喜愛小蠻腰的原因

男性為什麼會喜愛女性的小蠻腰？這是基於下列因素。

- 男性基於性的本能，追求生殖能力高的女性，只要女性擁有不盈一握的纖腰，就會受到刺激，而產生性愛的吸引。
- 腰部曲線纖細的女性，是處於沒有妊娠狀態及年輕的象徵，也是女性荷爾蒙活躍的證明。
- 纖細的腰身是健康的證據。

男性認為理想的女性曲線比例，臀：腰＝ 1：0.7

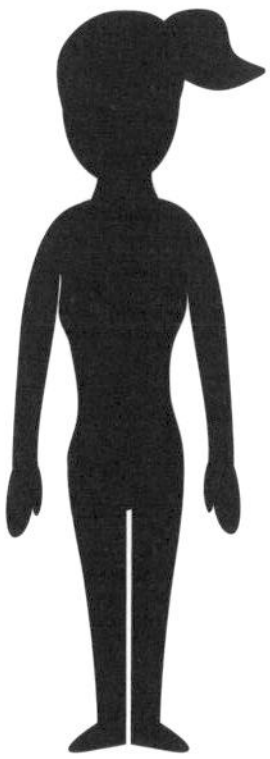

男性從女性身體最能感受到魅力的要素，有關腰部曲線的實驗結果如下。
為了調查男性最偏好的比例，相對於臀部為 1 的狀況下，分別提示腰部曲線比例為 0.7、0.8、0.9 的比例。
其中，男性回答最具魅力的比例以「1：0.7」占最多數。
由此可知男性對於女性小蠻腰的難以抗拒。

從化妝了解女性心理

想變得更漂亮、想遮掩在意的部分、盡可能想接近理想中的模樣。化妝是女性建立自信不可欠缺的日常習慣。因此，根據女性在哪個部分費最多心思，就可以了解當事人的心理。

眉毛

- 想強調內心堅強
- 個性好強

眼睛

- 想強調自己的可愛
- 非常有主見
- 情緒起伏激烈

鼻子

- 想強調自己的知性
- 自尊心很強
- 期望成功

嘴巴

- 想強調擅長交談
- 強調性感的意圖強烈
- 對笑容有自信

皮膚

- 想強調年輕
- 強調健康美
- 個性認真
- 正義感強烈

從隨身物品了解女性心理

許多女性對於隨身物品十分講究。以下就從隨身物品看出女性顯現的性格典型。

鞋　子

低跟

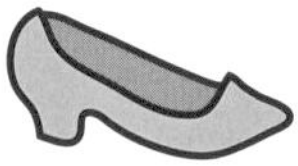

●個性認真踏實
●重視工作的典型

高跟

●企圖強調女性魅力

運動鞋

●友善
●容易親近但我行我素
●活潑具行動力

涼鞋（穆勒鞋、海灘鞋）

●自由自在
●討厭被束縛
●強調性感魅力

短靴

●有容易親近的一面
●開朗積極
●個性也有陰晴不定的一面

長靴

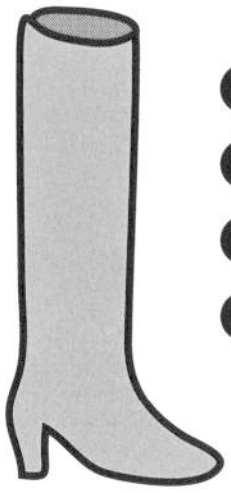

●自我主張強
●也有具攻擊性的一面
●自我防衛心強
●企圖強調身為女性的魅力

你穿著什麼樣的鞋子呢？觀察一下身旁的女性腳上穿什麼吧！

從打扮了解女性心理

女性的服裝也很容易表現出個性。你身邊的女性，穿著符合哪個典型呢？

打扮追求流行時尚

- 希望受注目
- 對他人的依賴心較重
- 對於標新立異感到不安

穿著打扮華麗

- 希望在人群中很顯眼
- 很有主見
- 其實很內向，缺乏自信

穿著個性化

- 想表現獨特性
- 認真，而且確實了解自己和身邊的人
- 討厭人云亦云

穿著傾向暴露

- 自尊心強、自我意識也很強烈
- 自我中心、旁若無人
- 希望成為男性目光焦點
- 想強調身為女性的魅力

基本款穿著

- 保守且恪守規範
- 頑固
- 有不為人知的堅持，有自信

精心設計的穿著打扮

- 想強調獨特性
- 頑固且缺乏通融
- 自我表現慾強烈

童話風的穿著打扮

- 非常自戀
- 對現狀不滿足
- 想逃避現實的心理表徵
- 內心渴望一直維持童年的模樣

從髮型了解女性心理

髮型是女性魅力的象徵。有些女性甚至「如果沒整理好髮型，一整天都沒有幹勁」，可見髮型對女人的重要性。接下來就從幾種代表髮型判斷女性屬於什麼典型。

長髮

- 企圖強調自己的女人味
- 堅強、冷靜
- 主要是長直髮

自尊心很強

中長髮

- 擅長協調的典型
- 傾向維持事物的均衡
- 討厭過度醒目，傾向妥協
- 除了外表以外很有自信

短髮

- 對外表及內在都很有自信
- 表現原原本本的自己
- 個性積極
- 很有主見
- 熱愛工作
- 不擅長撒嬌

瀏海多、蓋住耳朵

- 愛撒嬌的典型
- 企圖不讓感情顯露在臉上
- 不讓別人輕易得知有關自己的資訊
- 喜歡獨處
- 也有依賴他人的一面

有些則是「希望別人能夠認為我屬於這樣的人」而留的髮型。

從五官了解女性心理

人類從很久以前便開始研究面相學，的確，透過臉部五官或表情變化，也能了解當事人是個什麼樣的人。以下就從「臉」來觀察一個人的個性吧！

臉　形

有稜有角的臉型、方型臉

- 意志堅強
- 自尊心很強
- 勤奮努力
- 頑固
- 個性也有溫柔的一面

倒三角型

- 想像力豐富
- 具審美眼光
- 聰明
- 容易陷入恐慌

圓臉

- 社交型
- 個性開朗
- 落落大方
- 個性樂觀

眼　睛

眼睛大

- 愛撒嬌的類型
- 行動派
- 責任感很強
- 好奇心旺盛

眼睛小

- 慎重派
- 賢明
- 擅長忍耐
- 嫉妒心重

鼻子

鼻子高挺

- 很有主見
- 自尊心很強
- 希望在社會上大展身手的欲望強烈

鼻子扁塌

- 具協調性
- 不容易惹人嫌
- 習慣附和他人

嘴巴

嘴巴大

- 有行動力
- 開朗
- 容易受騙
- 喜歡談話

嘴巴小

- 個性消極
- 容易放棄
- 很可靠

耳朵（耳垂厚度）

耳垂厚

- 服務精神充沛
- 用情很深
- 擅長照顧別人
- 領導者類型
- 也有溫柔的一面

耳垂薄

- 不擅長表達感情
- 正直地處理事物

從動作了解男女共通心理

不自覺表現出來的動作，會透露出當事人內心的想法。以下介紹男女共通的代表性動作所顯示的心理。

眼睛

眼珠子轉來轉去

- 好奇心旺盛
- 覺得不安
- 沒有自信
- 精神不穩定

眨眼次數頻繁

- 很緊張
- 眨得較慢時則表示想反駁或想要否認

盯著看

- 有好感
- 有興趣所以目光無法移開
- 從下往上看人時，表示想要向對方撒嬌

說話時轉移視線

- 對自己的意見缺乏自信
- 緊張
- 正在說話時移開目光，就是抗拒或反駁的證明

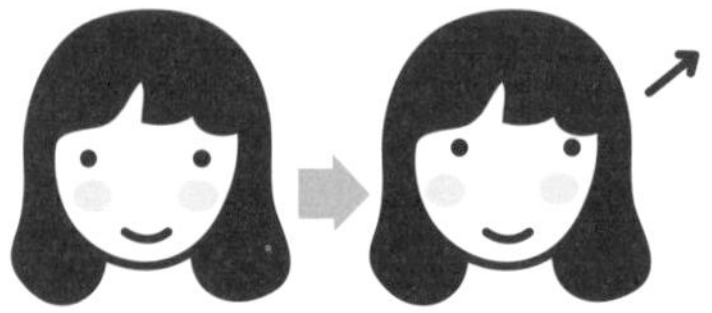

四目相對時立刻移開目光

- 覺得尷尬
- 並沒有抱著特殊感情的證明

腳

腳踝交叉坐姿

- 防衛性的
- 對別人抱著戒心
- 傾向空想而浪漫
- 精神上仍然童心未泯

膝蓋打開坐姿

- 不在意瑣事
- 放鬆的狀態
- 沒有警戒心
- 對異性關係也很開放

腳尖打開

●行動派
●上進心很強
●積極
●有雄心壯志
●工作、戀愛都很積極

不斷改變翹腳的姿勢

●感到不滿
●坐立不安
●不滿足
●感到煩躁
●好動的

腳尖勾著鞋子晃動

●覺得無聊
●看輕對方
●對異性關係隨便
●在心理學中，鞋子是「性」的象徵
●鞋子脫掉一半＝貞操觀念薄弱

手

雙手不斷揮舞

●自我表現
●想表達心情的欲望強烈

手托著臉頰

●感到無聊
●感到不滿或不安，希望得到對方安撫

不時撫弄頭髮

●感到無聊
→心理學中的自我親密行為之一
●強調自己的性感

撫摸頭頂

●覺得害羞
●想要撒嬌

無法忘記童年時被摸摸頭時的心情

手捂著嘴唇

- 想依賴對方
- 精神上很幼稚
- 有想隱瞞的事情

搓揉眼睛或鼻子

- 緊張
- 有心虛的事或說謊試圖混淆隱瞞

手在身體前方交握

- 表示拒絕
- 正壓抑著怒氣、抗拒、不悅的心情
- 希望比對方更站上風的表現

手心朝上

- 敞開心胸
- 放鬆的狀態

把手藏起來（手放到背後或插進口袋）

- 心理處於警戒狀態
- 情緒不想被對方看穿
- 想強調自己居於優勢

頻頻有肢體接觸行為

- 希望更親近
- 看輕對方

尤其是女性，身體距離和心理距離成正比。

從睡相了解男女共通心理

人無法得知自己的睡相。但是，放鬆入眠時的睡相，卻表現出一個人的本性。你或身旁的人是什麼睡相呢？

仰睡

對任何事都很開放
有自信
無拘無束的典型

趴睡

●一板一眼
●自我中心
●也有封閉的一面

嬰兒式睡姿（側躺身體蜷縮）

戒心很強
依賴性很強
很愛撒嬌、很容易產生依戀

半嬰兒式睡姿（側躺膝蓋稍微彎曲）

能取得事情平衡
有協調性
優柔寡斷
●會撒嬌，有依戀性

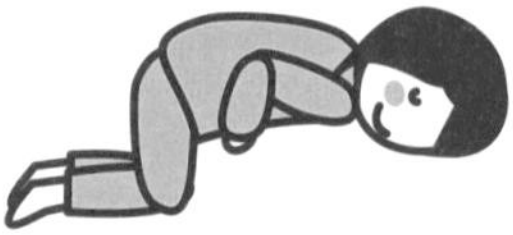

習慣抱著東西（用腳夾著抱枕、棉被）

●對於理想無法實現有著不滿
●有可能性慾沒有得到滿足
●因為不安所以依戀感很強烈

立起膝蓋

●有神經質的一面
●有性急的一面
●屬於行動派

棉被蓋得很緊

●個性大方
●心情穩定
●有想隱瞞的願望

人面獅身睡姿

●有神經質的部分
●可能有失眠問題

從視線了解男女共通心理

人們常說「眉目傳情勝於口」，從一個人的眼神可以解讀當事人的心理。以下就來看看各種眼神所代表的心理吧！

目光游移（視線飄浮不定）

- 因為不安而無法穩住心神
- 沒有專注在話題上
- 感到無聊
- 感到困惑

遠望（視線面對對方而已）

- 對於對方的關心淡薄
- 想緩和場面的緊張
- 想讓對方放鬆
- 企圖比對方占上風

凝視（面無表情地凝視）

●對於對方表示強烈關心
●企圖引導出對方的情緒
●形成攻擊性

注視（以柔和的表情注視對方）

●抱著好感
●感興趣
●有信賴感、抱著愛情的證明
●有時可能是想以笑臉含糊帶過……

轉移視線（眼睛雖然面向對方，但避開視線）

●拒絕的態度
●想假裝不關心
●希望避開對立

從嘴唇解讀對方的情緒變化

從對方嘴角是否上揚來判斷是否帶著好感

嘴部周圍有許多呈現顏面表情的神經，所以嘴部能夠呈現豐富的表情。情緒的變化很容易從嘴部或嘴唇的動作透露出來，所以只要仔細觀察，就能判斷對方的內心狀態。只要看看嘴角的樣子，就能知道對方是否帶著好感。

例如，**當生氣的時候，因為對於對方抱著攻擊的態度，所以嘴唇會往前突出。**嘴唇緊閉著向前突出時，即使沉默不語也是正在生氣的證據。相反的，**感到畏懼時，則會因為對方的氣勢壓迫，所以下巴往內縮。**

那麼，我們該如何判斷對方是否對自己有好感呢？這時候因為從臉頰把嘴角往上提的口角提肌產生動作，所以注意口角是上揚還是下降。如果是像 Happy Smile，兩邊嘴角上揚的嘴形，就是有好感。

遇到「說話沒什麼反應」、「交談很難持續下去」等狀況，覺得對方似乎對自己沒有好感而失去自信時，仔細觀察對方，如果**嘴角上揚，應該純粹只是掩飾他的難為情**而已。

另外，**嘴唇只有在因為性而處於興奮狀態時，會產生膨脹變紅的反應。**但這是非常細微的變化，如果不是近距離觀察，有可能判斷不出來。

如果是男女朋友，要判斷對方是否處於對性的興奮狀態當然沒問題，一般在搞不清楚對方是否懷著好感時過度接近，很可能因此被厭惡，所以要特別注意。

若是在意對方的鼻子，就是產生性聯想的證明

鼻子和嗅覺，具有性方面的意義

相對於眼睛、嘴唇各種豐富的描述表現，鼻子這個部位幾乎很少受到關注。但是，男人對於有好感的女人，則會不自覺地在意對方的鼻子。

民間常有男人的鼻子和性功能強弱關係的說法，其實以男人的心理來說，鼻子具有性方面的意義。因為，**男人視為性愛對象的女人，會覺得女人小巧的鼻子惹人憐愛，燃起強烈的保護本能**。

男人面對女性時，若是說出「妳的鼻子真可愛」、「妳的鼻子可愛得令人想咬一口」等，就是懷抱特殊情感的證據。

另外，鼻子之所以被認為具有性的意義，是因為鼻子扮演嗅覺功能。動物到

了發情期，會分泌荷爾蒙吸引異性，但發情期不明確的人類，據說是因為測知荷爾蒙分泌的功能退化的緣故。

然而，就算沒有明確的發情期，尋求適合自己的伴侶仍是動物本能。**敏感嗅出異性散發的氣味，正是鼻子的任務。**

發生性行為時，是否覺得對方的體味讓自己舒服，正是生理上合不合得來的一大因素。

從視線理解說話者及聽話者的心理

「若說話者一直注視聽話者，就是警告對方、說謊或誇大的時候」

不論是處於說話者或聽話者的立場，都能從視線讀取心理變化。人與人在交談之際，聽話者視線很自然就會落在說話者身上。相反的，說話者相較之下注視聽話者的情況則少得多，偶爾可能會看著窗外景色，或是環顧四周。

當然，想確認對方反應，或是徵詢對方同意時，視線會面對聽話者。因為控制交談的是說話者。

說話者與聽話者之間，多數情況下會有主從關係，聽話者視線不會從支配的說話者身上移開。要是聽話者轉移視線，那就是沒有專心聆聽的證據。

但是，**說話者也有說話時，不會把目光從聽話者身上移開的情況。**

比方說給聽話者忠告，或是說出嚴厲批評、意見的時候。另外，**說話者說謊不想被識破，或是說話誇張時也有同樣的狀況。**

那麼，聽話者的情況呢？基本上雖然不會把視線從說話者身上移開，但是「對說話內容覺得很感動」、「過度意識對方存在」等，也會在移動視線時不經意透露出訊息。

從說話者的角度來看，當對方**視線朝下**時，很容易誤以為是被對方討厭，其實有可能是**因為「尊敬」**。覺得對方太過耀眼無法直視的情感，懷著敬意的表現。如果對方在聽你說話時突然視線朝下，或許是抱著好感的證據。

相反的，視線朝上時，雖然是釋出善意的表示，但也有可能是想表現「自己的清白」。**想裝作清白不自覺地會把視線朝上**。

頸部曲線能誘惑對方

「女人的頸部曲線、男人的喉結能產生誘惑效果」

頸部曲線有微妙的表情，很多男性特別對於女性的頸部曲線會心動，覺得性感，認為容易挑起情慾。

一般來說男性的頸部結實而粗，女性則纖細柔美。女性纖細的脖子容易給人柔弱的印象。女性特有的頸部優美曲線，是戀愛時強而有力的武器。

微傾著頭帶著疑惑的動作，對男性來說是不由自主心頭小鹿亂撞的重點。微微傾頭時若隱若現的頸部線條，看在男性眼裡格外性感。

但是，男性即使做出同樣的動作看起來也不會覺得有魅力。**能夠表現男性魅力，留下深刻印象的動作，是抬起下巴強調喉結會有效果。**只不過，這個動作看起來也會顯得白大驕傲，所以必須要注意。

強調頸部曲線的動作，還有扭過頭看後面，或是假寐時，不是頭部往前點，而是傾著頭伸展單側的頸線動作，看起來會很優美。

只不過，不要忘了女性強調頸部曲線的動作，也有可能被視作是挑逗。對於沒有情愫的男性避免濫用，以免給對方不必要的刺激。

左右印象的小動作

外表給人的印象自然不用說，交談時不經意的動作，也會留下「感覺很溫和」、「感覺很冷淡」等印象。想留下什麼印象，就得注意這些小動作，將留下不同的印象。

給人溫和的印象

●近距離交談
●談話時經常注視對方的眼睛
●傾聽時帶著微笑
●輕輕點頭、附和等回應動作
●偶爾睜大眼睛
●微微挑起眉毛
●身體微微傾向對方

給人冷淡的印象

- 打呵欠
- 一直看著旁邊
- 皺著眉頭
- 老是看著天花板
- 撫摸指甲或手指
- 東張西望
- 身體沒有正面向著對方
- 沒有點頭、附和等回應動作

Column

從身上的顏色可以理解心情或性格

男性傾向喜愛鮮艷或暗沉；女性偏好中間色

人們會因為心情好壞而改變選擇的色彩。

根據瑞士心理學家麥斯．盧塞（Max Luscher）的研究，人們選擇衣服的色彩會隨著心情而改變。

比方說，明亮的色彩代表心情上的積極正面，選擇陰暗的色彩時則是心情陷入沮喪，你是否也有同樣的經驗呢？

另外，因為性別不同對色彩的喜好也會不同。

男性通常傾向喜愛鮮艷或暗沉；女性則偏好中間色、淺色。

色彩對我們的心理所造成的影響非常大。

左頁介紹的是從身上穿著的色彩了解心情及性格。你不妨也比對身邊的人看看。

紅

- 行動熱情、積極的類型
- 也有易怒、攻擊性的一面

粉紅

- 浪漫、可愛、容易親近的類型
- 也有天真無邪的一面

黃

- 開朗、社交、幽默的類型
- 其實很有野心

綠

- 擅長忍耐、個性穩重的類型
- 沉穩有主見

紫

- 兼具氣質與性感的類型
- 有神祕而浪漫的一面

藍

- 知性而冷靜的類型
- 有判斷力及責任感
- 容易與人建立信賴關係

黑

- 希望和周圍保持距離的類型
- 也有恪守社會秩序，保守的一面
- 懷著苦惱

褐

- 協調性佳，能與人合作的類型
- 重視家庭、同伴，有穩定性

第2章

男人的性格特徵

男人會藉由被他人肯定而安心

「幼年期父母越嚴格管教的男人，越希望獲得他人肯定」

男性的特徵是藉由得到他人的肯定而安心。

這是因為男性生來具有與他人競爭的本能。因此，**透過戰鬥，感受到「我比其他人優秀」，從而滿足自尊心。**

這個傾向**特別是在幼年期，沒有獲得父母稱讚的男性身上，表現得更為明顯**。

希望被認同的欲望，稱為「肯定欲望」，是基於「希望獲得某個人的肯定」、「渴望被讚美」的想法。

因為受到嚴厲的管教，因此很在意他人的評價，擔心無法獲得他人的肯定。

「自尊心強＝精神上的脆弱」

你身邊是否也有自尊心很強的男性？其實，**自尊心越強的男性，「精神上越脆弱」**。這樣的男性，當他遇到自尊心受損的狀況時，無法克制住他的怒氣。但怒氣的背後，隱藏著不安、恐懼的情感。**因為只能透過他人的評價來建立自信，所以微不足道的批評也覺得很受傷，才以生氣的形式表現出來。**

「這個人可能自尊心很強……」遇到這樣的男性時，要記住不論外表或工作方式，只要覺得「真不錯」，就給予讚美。

對方如果覺得獲得你的肯定，或許就能建立意料之外的信賴關係喔！

把讚美自己的對象當作盟友

任何人被讚美都會感到開心。獲得認同的肯定欲求被滿足，心情都會變得很好。

尤其是男性，通常都有被讚美就感到開心的傾向。

缺乏自信的男性，只要被女性讚美，就會把讚美自己的女性當作盟友。**有些男性多次聽到對方給予肯定，表示「真棒」，就會產生好感，因而產生戀愛情愫。**

相反的，有極少數的男性卻會在他人表示「○○好厲害喔」時，生氣或變得卑屈，這種情況很可能是因為對某件事有自卑情結，或是過去曾經被嘲笑，自尊心受損等經驗。

太過刻意讚美的言詞，對方會認為你把他當傻瓜，最好要避免。

說雖這麼說，讚美是一種善意的表現。

讚美不但能夠傳達對他人的善意，被讚美的對象也會因此對於讚美自己的人產生好感，希望回報這樣的好感。

不是只說些表面話，而是**真心讚美對方，強化男人的自尊心，把軟弱的自己轉變為能夠自豪的心情，成為發揮更大力量的原動力。**

女性朋友不妨時常對身邊的男性多多注意和讚美吧！

從愛車了解男性心理

喜愛汽車的男性，對車子往往抱著強烈的堅持。有如自己的同伴、分身般重視的愛車，反映出擁有者的深層心理。男性的愛車究竟隱含著什麼樣的心理呢？

跑車

競爭心很強

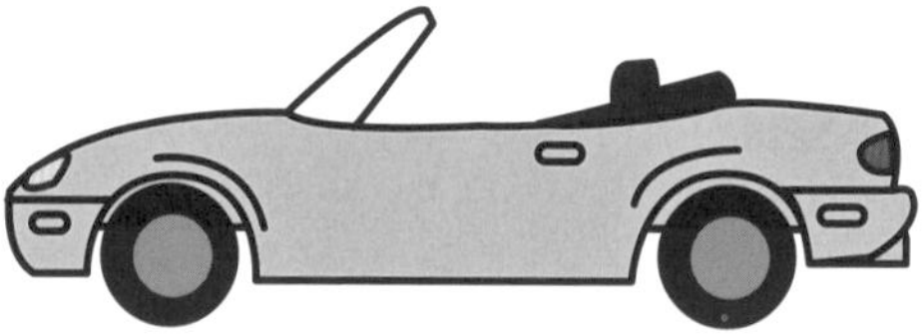

男性基本上都有競爭心強烈的特性。選擇跑車的男人尤其偏好耍酷，屬於競爭心強烈的典型。對速度快的汽車抱著憧憬，認為快速的汽車有價值。

四輪驅動車

憧憬成為堅強的男人

四輪驅動車是穩固、性能佳，能夠行駛在雪路、山路等不良路面上的汽車。換句話說，四輪驅動車是對於成為堅強男性的憧憬。也可以說，駕駛四輪驅動車能夠感受到自己彷彿成了堅強的男人，實現成為英雄願望的表徵。

高級汽車

自我表現欲的表徵
希望獲得高於實力評價的欲求表現

你對於乘坐高級汽車的人是否會有「經濟能力很好」、「在社會上很成功」的印象呢？事實上成功的人，屬於會誇示自己的類型。不論實際上成功與否，乘坐高級汽車的人，可以說屬於好大喜功，偏向自我表現欲強烈的類型。通常都希望獲得高於實力的評價。

從喜愛的女性體型了解男人性格

從三種典型的女性了解男性的傾向

英國心理學家史瓦密（Viren Swami）等人，曾進行一項研究，針對男性對於女性胸部、臀部及腳的喜好，判斷男性的性格。

這項研究把這三個部位體型不同的女性裸體剪影混在一起，分別讓男性觀看，藉以了解男性對於這三個部位呈現的體型偏好。

左頁的說明，加上日本男性的傾向。

你的狀況又如何呢？

偏好嬌小的女性

- 想支配他人的欲望強烈
- 想保護比自己弱勢者的欲望強烈
- 很有耐心
- 內向
- 很有禮貌

偏好胸部大的女性

- 喜歡撒嬌的類型
- 戀母情結
- 有男人味
- 擅長交際
- 喜好運動
- 有花心的傾向

偏好腳部纖細的女性

- 偏好知性
- 自我表現欲望強烈
- 擅長社交
- 擅長照顧別人
- 對於體型可能有自卑情結

搞不好在無意間造成傷害！對男性的禁忌話語

有時候無心說出的一句話，卻在不知不覺間傷害了男人。尤其是對於把對方視為異性交往對象時，以下這些話語，千萬要避免。

「好可愛～」

即使女方認為是讚美，男性卻會覺得「沒有被當作一個男人看待」，所以要避免。

「和你在一起好像沒什麼意思」

對男性而言，「在一起很有意思」、「和你在一起很開心」，是很大的讚美。相反的，「在一起沒什麼意思」就等於表示「我對你沒興趣」，所以應該避免。

「你真是好人」

「好人」聽起來似乎等於「不是戀愛對象，無所謂的人」。也許女性是打算讚美，男性聽在耳裡並不覺得開心，所以不行。

「你酒量很差呢！」、「你體力不太好呢！」

這樣的發言有時因為女性對男性有「男人就應該～」的前提。被這麼說的男性或許有自卑情結，所以要避免。

「你真瘦呢！」

對於正在減肥的女性而言可能是讚美，從男性觀點來看，則有可能覺得像是被批評「真不像男人」所以不行。

「真不可靠耶」

男性基本上都希望能受到女性依靠。「不可靠」令人聯想到「不像男人、軟弱」，所以不能說。

「矮子」、「胖子」、「禿子」

這幾句都是絕對不能說的禁忌話語。尤其是身高和髮量都難以改變克服，很多男性可能因此感到自卑，不論關係多麼親近都不應該說出口。

小惡魔必學！擦撥男人心的攻略必殺句

這個單元介紹讓男人小鹿亂撞的必殺句。

「好厲害！」「真不愧是你！」

這兩句話幾乎是令所有男人雀躍的必殺句。

「我第一次有這種感覺！」

男性競爭心理很強，因此女人由於自己的表現而說出「第一次」時，會產生優越感。

「好MAN喔！真有男子氣概！」

說對方有男子氣概，等於含有值得依靠的意思，男性如果覺得受到女性依靠，會產生「想保護對方」的心意。

「好有意思！」

很多男人都認為「好有意思＝受歡迎」，所以是很棒的讚美。

「你是第一名！」

對於競爭心理強烈的男性而言，第一名就是比任何人都優秀的意思，所以是很棒的讚美。

「果然你就是和別人不一樣！」

「果然」這個詞，含有從以前就這麼想的意思在裡面。「你和別人不同」則會刺激競爭心強烈的男性，所以是讚美。

「你負責的那個工作成果實在太厲害了！」

對多數男性來說，「工作＝人生」，尤其是男性因為工作成果而獲得肯定時，能夠因而感到喜悅與自信。

男人忍不住想購物的三種心理

能夠刺激男性掏腰包購物是有原因的，什麼樣的策略能刺激男性的購買意願呢？以下便解開答案吧！

關鍵字 1　「美女」

和美麗的事物搭配在一起，
商品看起來會更有魅力

展示會、商品發表會等站在一旁的宣傳模特兒，雖然和商品可能毫不相關，但是因為美女而高漲的心情，連帶產生對商品的情緒高漲，和單純只展示商品相較之下，更能吸引前往展場的男性目光。

關鍵字2 「特別感」

優越感、特別感被刺激時，就會飛撲而上

因為很多男性有職人氣質，所以偏好實際上職人使用的「專家做法」。就像有人會自行改裝愛車，有時也會受到自行組裝的商品吸引。

另外，「限定品」等「其他人無法到手的東西」之類的優越感也會形成刺激，在男性眼中看起來格外有魅力。

關鍵字3 「反抗心」

有禁止事項→產生抗拒→被吸引

比方說，膠封的男性取向雜誌，因為遮住看不見，反而勾起讀者想閱讀的心理。因為「不可以做○○」的禁止規定，反而激起「我偏要看」的反抗心理。和女性相較之下，男性更容易產生的心理。利用這種反抗的心理策略，煽起對商品的興趣，是市場行銷時經常使用的手法。

從行為解讀男人心理

從談話中的端倪或行為，往往會表現出當事人的真心話。你或你身邊的男性，是否也符合以下的狀況呢？

動不動就生氣的男性

→希望身邊的人肯定自己的「能力」

對於身邊的人，總是生氣的男性，無法克制情緒，而且有認為「自己才正確」的傾向。生氣的背後因素，很可能是因為「自己很能幹卻沒有被肯定」、「希望被肯定」的心情作祟。

強調自己忙碌的男性

→希望工作受到讚美、受到肯定

把「我很忙」整天掛在嘴上，幾乎變成口頭禪的人，其實是強調自己「我很優秀，所以工作很多」。「希望得到旁人讚美」、「希望被肯定」的心情很強烈。

想成為領導者的男性

→競爭心強烈的醋罈子

男性原本競爭心就很強烈，通常有想成為領導者的傾向。但是，總是想站在別人頭上的男性，支配欲望很強烈，無法實現時，可能會嫉妒比自己搶風頭的人。

喜歡找藉口的男性

→為了避免自尊心受損而拉起防線

找藉口的行為，是因為失敗時先拉起防線，表示「這不是我的錯」、「我的實力不是只有這樣」。總之是一種遇到事情發生就先自我防衛的類型，萬一發生問題時，或許會只顧自己，不管是女友或部下都不會保護。

男人重視「結果」；女性重視「過程」

交談時，男人只用左腦；女人左右腦並用

男性在聽女性說話時，是否常有「怎麼一直兜圈子、拐彎抹角」的感受？女性在聽男性說話時，是否感到「真是平淡無趣」、「都沒有故事性」呢？這是因為男女的特質不同而造成的影響。

男性通常都是一開始就先說結論，不會把重點放在如何達到結果的過程。即使在私人交談時，對於說話一直沒有結論的女性，就會覺得「究竟想表達什麼」、「到底希望我怎麼做」而感到焦躁不耐煩。

相反的，**女性因為重視過程的緣故，通常不是從結論開始說起，而習慣把達到結論發生了什麼樣的事情、做了哪些事的經過會說得鉅細靡遺。**

這樣的差異也可以說是因為男女大腦結構不同而產生的。

連接左右腦的胼胝體較細的男性，說話時只使用言語中樞的左腦，所以談話時傾向只敘述邏輯性的內容。

相對的，女性的胼胝體較粗，說話時同時使用左、右腦，所以說話內容會有不斷擴散、摻雜情緒，邊敘述邊達成結論的傾向。

如果把男女的差異運用在工作上，**對男性上司先從結論開始，對女性上司則建議除了結論也必須結合過程闡述清楚。**這麼做才能使溝通更順暢。

男人嫉妒情敵的是權力；女人嫉妒情敵的是容貌

嫉妒的發生，是因為男人被女人的外表吸引；而女人被男人的權力吸引

嫉妒心理是因為對於敵手產生自卑情結的緣故。

當情敵比自己優秀時，會因此擔心「會不會被橫刀奪愛」。所以，如果是明顯比自己條件差的情敵，就會覺得「不會被搶走」而感到安心。

嫉妒的心理就像這樣，感覺到敵手存在，不論男女都會發生的情感。

只不過，男性與女性對於嫉妒所感受到的重點有很大的差異。

在某個心理學的實驗中，調查男女嫉妒情敵的因素。結果發現，男性嫉妒的不是外表長得帥的同性，而是對於經濟能力、社會地位、才能等高於自己的對象產生嫉妒。

另一方面，女性嫉妒的不是高學歷、高收入的同性，而是對於貌美、性感的女性產生較強烈的嫉妒。

男性之所以嫉妒經濟能力、社會地位高的情敵，是因為女性重視男性的經濟能力或地位；而女性嫉妒外表美麗的情敵，則是因為男性重視女性的外表。

被上司喜愛的男性，被上司討厭的男性

在職場中和上司是否能建立信賴關係，是一件非常重要的事。以下就介紹能被上司喜愛及被上司討厭的男性類型。

被上司喜愛的男性

擅長奉承、拍馬屁

為了使工作順利進行，適度奉承也是一件很重要的事。討厭部下奉承的上司並不太多。

積極投入工作

對工作積極投入的部下，上司也會覺得很可靠。擁有具備戰力的部下，就是能夠扶持自己未來在工作上的前途。因此，上司會喜愛這樣的部下。

服從命令

對於上司的指示能夠面帶笑容地接受，擅長回應的部下，任何一個上司都會很喜愛。

被上司討厭的男性

獨斷地進行工作

不重視報告、不跟別人商量，自做主張行動的部下，上司會覺得討厭。因為萬一發生了什麼狀況，很可能會造成大問題。不論工作能力再怎麼強的人，都不能輕忽報告及商談。

不尊重上司

在重視上下關係的男性社會，不尊重上司的人，即使工作能力再強也會被討厭。上司畢竟也是個平凡人。如果不重視上下關係，無法與周遭的人良好溝通，可能連機會都不給你。

自尊心太強

自尊心太強，不道歉、堅持己見……這種情況一直持續下去，就會被貼上難纏部下的標籤。

被部下喜愛的男性，被部下討厭的男性

被部下喜愛和被部下討厭的男性，究竟有什麼差異呢？

被部下喜愛的男性

能夠讓部下的能力發揮

能透過讚美、大聲激勵讓部下的能力發揮出來的上司能受到部下愛戴。能夠給機會促使部下成長的上司更受歡迎。

能製造開朗的氣氛

經常保持笑容，對周遭的人抱著感謝的心情，職場中如果有常對部下說「謝謝」、「你很努力呢」等慰勉部下的上司，工作氣氛也會變得更愉快。

能傾聽部下的話

當部下來商量事情，或部下陳述意見的時候，以對等關係傾聽的主管，才能受到部下敬重。

被部下討厭的男性

過失推諉給部下

不僅部下犯了失誤，連自己的失敗也要推諉給部下的上司，背後會受到輕蔑。

功勞都歸給自己

部下其實都很仔細觀察上司的工作態度及人格。把部下的功勞當作自己的功勞而四處炫耀的主管，無法得到人心。

過度偏心

部下都很重視公平、平等。因為個人好惡對部下太過偏心的主管，就算是有能力的部下也不會想跟隨。

第3章

女人的性格特徵

女人容易被暗示影響

「與男人相較之下，容易感到不安，所以容易被暗示」

女性有容易受到暗示影響的特性。

這是什麼意思呢？舉個例子說明吧！

比方說減肥。女性多數對於瘦身很敏感，只要聽到「對○○很有效」，就會想要試試看。

經由傳播媒體介紹的食材，隔天超市立刻搶購一空，是經常耳聞的現象。只要用了這個調味料就能更容易燃燒脂肪、只要多吃這種水果就能使體溫上升，改善手腳冰冷的問題……等等，每當傳播媒體宣傳「對○○很有效」，該食材就會成為熱潮，當有其他食材被報導，又會再度形成新的熱潮。

任何時代都會不斷反覆這樣的連鎖效果。

這些情況，都是來自「女性容易受到暗示影響」的特徵而來。這是因為**女性和男性相較之下，容易產生不安。**

由於女性荷爾蒙容易失衡，左右腦訊息交換較活潑，更容易東想西想而增加焦慮。

另外，**女性也比男性更容易發生「自我評價低」、「從眾效應強」的傾向。**

也因為如此，當別人告訴自己什麼東西對身體有益，只要稍微產生好的效果，就會更加深信不疑。

口耳相傳容易奏效，也可以說正因為是女性才有的特徵。

女人較偏好算命

聽到對方說「妳屬於○○，但也有這樣的一面」，就能感到安心

手相、星座占卜、塔羅牌、色彩占卜等，有關算命占卜的方法五花八門。每天早上確認電視上的運勢、每個月買回來的雜誌絕不會錯過占卜內容……等，喜歡占卜的女性，和男性相較之下比例較多不是嗎？

為什麼女性會喜歡算命呢？答案可以從心理學的角度來說明。

套用在任何人身上都符合的普遍描述，人們卻有誤以為「這就是在說我！」的傾向，這在心理學中稱為「巴南效應」（Barnum effect），時常運用在占卜上。

另外，當被人指出性格的兩面性時，例如「你平時言行舉止看似很開朗，然而一旦發生了什麼令你不安的事情，就會因此陷入煩惱」，就會覺得自己的心情彷彿被說中了。

不僅限於男女關係，只要是人，都有希望獲得他人認同的欲望，當他人一口斷定「你是這樣的人」，就很容易因此相信對方。

尤其是**女性的情況，察覺危險的能力雖然較強，但相對地也有容易感到不安的特質，一旦有人說「你就是這樣的人」，就能消除焦慮，「原來如此」、「有人了解我」，因而覺得安心。**女性其實是藉由占卜求得安心。

女性有別於男性，從古至今都是處於守護家庭、子女的被動文化。可能是因為這個緣故，才會因為旁人的說詞而拂去不安，或是容易變得被動。

對女性而言，與母親的關係影響自我認同

親子關係是形成人際關係的重要基礎。
尤其是對女兒來說，母親是身邊最親近的「女性」，也可以說是身為女性，確立自我認同的範本。

1 母親對待女兒的態度如何？採取什麼樣的教育方式？

2 母親抱著什麼樣的自我認同？

以上兩點形成女兒的自我認同，造成極大的影響。
母親和女兒的關係，比較極端的情形，可以分成以下四種狀況。

母親自做主張，決定一切的情況

- 母親企圖透過女兒滿足自己的成功欲望。
- 結果造成女兒無法獨立，如果沒有母親代為判斷，就做不了任何決定。

母親過度保護的情況

●母親因為害怕寂寞而妨礙女兒獨立自主。
●結果女兒無法獨立，形成總是必須依賴別人的性格。

母親生活散漫的情況

●母親沒有善盡自己的責任，必須仰賴女兒或其他人照顧。
●因此導致女兒無法不管母親，必須擔負沉重的責任。

母女相依為命的情況

●母女彼此相互依賴，形成相依為命的關係。
●因此導致彼此永遠無法獨立自主。

如同上述的情況，即使有感情，任何事一旦過度就會失去平衡。親子關係是人際關係的基礎，尤其是母女的關係，有朝一日女兒也成為人母，還可能影響到下一代的關係，所以最好要先了解這些情況。

對女性上司私下溝通，對女性部下經常攀談

除了要事與聯絡之外，也要有其他溝通

女性很重視溝通。**上司如果是女性時，要比上司是男性時更頻繁地「報告、聯絡、商量」，把工作進展狀況逐一報告可能比較適當。**

另外，如果希望和女性上司建立更融洽的關係，**不僅是工作上的煩惱，私人的煩惱也不妨找她商量。**了解私底下的一面，藉由接觸私密的一面來建立親近感。

人們越是了解對方私密的一面，越容易產生好感，因此對於積極溝通的部下，女性上司自然會給予關注。

那麼，如果是女性部下的情況，會是怎麼樣呢？當然，站在上司的立場，應該要對所有部下一視同仁，但是，男女無論如何都會有差異。掌握這些特性，給

予適當的應對是很重要的。

女性部下很容易注意到各種細節，例如，能夠立刻察覺上司不關心自己，因而感到不安的傾向。

因此，即使不會讓你麻煩傷神的部下，也不能因此就放心而置之不理。必須一一確認工作進展，經常給予建議或讚美，以消除對方的不安。

無論上司或部下，只要對方是女性，都要記住經常以「對話」和對方溝通。不過，要是過度頻繁，也有可能招來不必要的誤解，千萬要注意不能太過火。

被女性喜愛的女人，被女性討厭的女人

同性之間的關係，有時比異性之間的相處更困難。受同性歡迎和被同性討厭的類型，分別有什麼樣的特徵呢？

被女性喜愛的女人

擅長撒嬌的年輕女性

能夠受到年長及同年齡層者的疼愛

傻妹型

就算做錯事也無法恨她

直率的大姊頭型

被周遭的人認為「很可靠」

被女性討厭的女人

工作或回應慢半拍

讓身邊的人很著急

固執

被周圍的人認為「主見太強很難相處」

情緒起伏激烈

因為把周遭的人耍得團團轉，旁人因此敬而遠之

不承認自己失敗、不道歉

不道歉的女性，會被認為「自尊心太強」，尤其容易被討厭

負面消極

周遭給予的評價為「悲觀」、「卑躬屈膝」、「在一起並不開心」

從女性對「汽車」的喜好表現出「心儀對象的傾向」

女性對汽車的喜好，其實和心儀的戀愛對象有關。
根據喜愛什麼樣的車子，可以了解有什麼差異。

選擇白色轎車的女性

●在男性身上尋求的是平靜
●偏好在一起能感到冷靜安定的人
●希望兩個人能悠閒自在地在一起

選擇深藍或黑色轎車的女性

●在男性身上尋求的是誠懇敦厚
●偏好腳踏實地的人
●希望能相互提升彼此的教養和知性。

選擇黃色廂型車的女性

●尋求的是能和男性享有更多相處的時間
●偏好有相同嗜好的人
●希望兩人的相處模式能像朋友一樣

選擇紅色跑車的女性

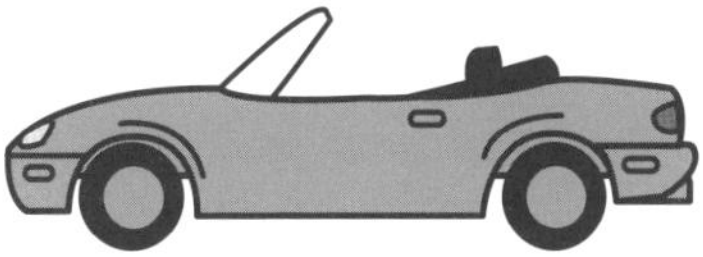

●追求的是男性的外表
●偏好愛情表現豐富的人
●希望能有浪漫的交往

搞不好在無意間惹對方生氣！對女性的禁忌話語

有些話一旦對女性說出口，可能會被認為「怎麼有這麼少根筋的人」、「不想和這個人有牽扯」，所以千萬要記住不要一不留神而說出口。

「現在幾歲？」

對女性而言是很敏感的提問，最好不要問比較安全。

「妳變胖了對吧？」

不論是交情多好的對象，都會傷害到對方，所以不能說。

「是女人卻這樣」

即使對男性而言，像個女人很重要，但是把「女人就該是這樣」的理想女性框架或既定觀念強行套用在對方身上，會令人討厭。

「去做○○！你要○○！」(命令口吻)

很多女性覺得對方以命令口氣說話，好像被瞧不起。

「……是這樣嗎」、「……是喔」

女性是很享受談話的動物，如果回應令她覺得只是在敷衍，會令她厭惡。

「所以，妳究竟想表達什麼？」

女性很喜愛不著邊際的閒聊，這時候要求她做結論，會惹她生氣，所以不行。

「既然這樣，妳就這麼做啊！」

多管閒事地給建議，會讓女性覺得討厭。

抓住女人心！女性攻略必殺句

以下介紹會令女性覺得心動的話語。

「好可愛！」

不論任何年齡層的女性，被稱讚「好可愛」，都會很開心。

「妳這種地方真的很棒！」

和女性交談時必須注意「共鳴」，尤其是努力的部分、覺得很棒的部分受到對方肯定，就會被吸引。

「因為妳比較特別」、「只有妳才有喔」

男性追求的是第一；女性追求的是唯一。

「原來如此」、「真是辛苦妳了」

當對方聽自己傾訴時，能夠像這樣產生共鳴，能令女性感到心動。

「這件事只有妳才做得到呢！」

對於關注自己的人，女性會產生強烈的信任感。

「妳真的很努力呢！」

努力的過程受到關注時，女性會很開心而產生自信。

女人忍不住想購物的三種心理

女性常在衝動下買進各種商品。事實上這是因為巧妙運用抓住女性心理的行銷策略。

關鍵字１　「流行」

因為對流行很敏感，
所以選擇多數人支持的商品。

女性因為從眾心理，傾向選擇多數人支持的事物。「今年的趨勢是○○」、「今年夏天○○是最推薦商品」等，只要有報導流行趨勢，多數女性就會想要這件商品而趨之若鶩。

關鍵字2 「划算」

選擇覺得划算的商品。

女性傾向想獲得覺得划算的事物、能在日常生活中感受到小確幸的事物。所以會想要書報的附錄或商品的附贈品。累積點數換購等，也多半對女性消費者能產生效果。
餐廳針對女性提供的套餐，就是以量少但多種菜色的策略，來滿足女性覺得划算，取悅女性的心理。

關鍵字3 「感官」

選擇能刺激感官的商品。

感官有視覺、嗅覺、觸覺、味覺、聽覺。當這五種感官受到刺激時，女性就會被挑起購買欲望。女性在感官刺激方面比男性敏銳，較容易受到物品的顏色、氣味、質感的影響。對於耀眼奪目的東西、沐浴或香氛用品是喜愛的香味、觸感舒服的家居服等，當發現刺激到感官覺得舒適的用品，就不由自主地想買下來。

男人一次專注於一件事；女人一次完成多件事

腦部結構大不同是主因

女性能夠同時處理多件事情。比方說，邊講電話邊塗指甲油、邊看電視邊做菜、邊工作邊思考周末要做什麼事情。

相反的，男性在讀書、面對電腦時，即使跟他說話他也沒有反應，因為男性專注在一件事情時，就不會注意到其他事情。

為什麼男女會有這樣的差異呢？

這是因為男性和女性光是就解剖學觀點，腦部的結構就不一樣。這和腦部的「胼胝體」（Corpus callosum）、「前連合」（Anterior commissure）有很大的關係。

「胼胝體」和「前連合」的任務是負責左右腦之間的訊息交換。而它們的形狀及大小，男女之間有差異，**女性的「胼胝體」和「前連合」都比男性大，因此**

左右腦的訊息交換很活潑，有助於一次交換多項訊息。

工作及個人生活都同等重視的女性，很難理解工作一忙起來就忽略家庭或私生活的男性心情。

因此，男女之間常會爭吵，「工作和我，究竟哪個重要？」「妳怎麼會問這種事呢？」

但是，這並不是就表示女性比男性優秀。男性「對單一事情的專注力」，能成為最大的強項。

各領域的職人、專業人士或是在某個領域的狂熱分子，都是男性居多，可以說就是因為他們發揮男性最大的強項吧！

忘記紀念日的男人；對過去細節念念不忘的女人

女性的腦部結構更容易記住故事

男性忘記和伴侶的紀念日而受到女伴責備的狀況應該很常見對吧？這時候，女性常會表示「你去年也是這樣」、「你那時候也是那樣」，把過去一些芝麻小事搬出來。

相較於男性容易忘記過去發生的事情，女性卻連一些細節也記得一清二楚，這究竟是怎麼回事呢？

那是因為**女性腦部在長期記憶所發生的事情時會使用的「海馬迴」（Hippocampus），比男性更發達。**女性的海馬迴大於男性，因為女性荷爾蒙也具有促進海馬迴活動的特徵。

因此，女性特別擅長記憶發生的事情。

另外，人們對於特別開心的事、感動的事、無可奈何的悲哀事情，有時候不是想忘也忘不了嗎？

情緒波動大的事情，也容易存留在記憶裡。

女性的腦部，因為情感領域廣泛分布在左右腦，所以情緒也容易產生作用。換句話說，因為**比男性情緒起伏更大，所以對發生的事情或經驗，也記憶得更深刻。**

男女在記憶方面有天生的差異。

因此，即使男性並非惡意也會忘記的事情就不要放在心上，想慶祝紀念日時，一開始就寫在月曆上，事前再確認。

能夠長期記住個人發生事情的細節，稱為「情節記憶」。

從出生排行了解男女特徵

這裡要介紹的是按照兄弟姊妹排行來了解男女特徵，雖然成長環境等其他因素會造成個人差異，大略可以分為以下的傾向。

女　性

長女(姊妹)

- 懂得察言觀色
- 有責任感
- 不安、缺乏自信

長女(有弟弟)

- 樂觀
- 頑固
- 獨立自主

老么(姊妹)

●希望受注目
●喜愛自由
●衝動、反覆無常

老么(有哥哥)

●容易陷入戀情
●愛撒嬌
●有女人味

獨生子

●自由奔放
●不太表達自我主張

男　性

長男（有弟弟）

- 有領導性格
- 責任感很強
- 重視體制和社會觀感

長男（有妹妹）

- 擅長照顧他人
- 擅長和女性相處
- 知道如何對待女性

老么(有哥哥)

●熱愛自由
●有玩心、喜愛冒險
●熱情而偏離現實

老么(有姊姊)

●悠閒自在
●熱中於關心的事情
●反覆無常

獨生子

●自由
●朋友圈較小
●有狂熱的嗜好

第4章

男女在溝通上的特徵差異

從話題了解人性心理

透過對話、電子郵件選擇什麼樣的話題，就能看出當事人的心理狀態。具體來說，背後隱含著什麼樣的心情呢？

男性篇

強調自己是大忙人

- 希望對方了解自己有能力
- 有可能是隱藏沒自信、不安、焦慮

喜歡談金錢的話題

- 喜歡與人分出勝負
- 不喜歡在人際關係中摻雜私人感情
- 想表現自己很聰明

動不動就講黃色笑話

●喜歡炒熱氣氛
●也有可能是抱著性方面的自卑

刻意耍帥或裝做自己很壞的樣子

●希望別人肯定自己像個男人

老是談從前的事

●對現狀感到不滿
●對於無法確定未來會怎樣的自己感到不安

清楚地說出難以啟齒的話題

●抱著獨立自主的決心，反抗心強烈
●能夠冷靜、邏輯性的思考
●個性很強，有容易生氣的一面

談話中途強硬改變話題

●只關心感興趣的話題
●想以自己為話題

女性篇

誇耀自己的不幸

●容易向別人撒嬌
●對自己很寬容，尋求能夠保護自己的對象

尋求共鳴

●很怕寂寞
●能老實地說出想法

談話中常出現「如果～的話」

●對現在的自己缺乏自信
●想確認對方的反應
●不想受傷

連芝麻小事也一一報告

●擔心與別人沒有關聯性
●有可能對人際關係缺乏自信

經常炫耀家人、寵物

●自尊心很強
●渴望獲得認同

對自己所說的話要求感想

●希望別人想著自己、八面玲瓏的類型
●有可能缺乏自信

從用詞及口頭禪了解心理

言語反映出一個人的心理。聽一個人常用的詞句，就可以了解對方的性格傾向。

男性篇

「反過來說」

- 知識豐富，分析能力很強
- 想強調自己比別人優秀
- 反抗心強烈

「原來如此！」「有道理！」

- 擅長聆聽
- 個性率直
- 說得過度頻繁很可能招來反感

頻繁夾雜外文

- 有自認比周遭的人優秀的傾向
- 也有可能想以表象掩飾自己知識的貧乏

偏好文謅謅的用詞

- 想強調知性的一面
- 自我表現欲很強
- 有時可能是誤以為自己比對方優秀

傾向使用客氣、正式場合的措詞

- 中規中矩
- 自我防衛、戒心較強
- 如果是和平時不同的口吻，則是壓抑情感的表現

「總之」「結論是～」

- 性急，急於下結論
- 腦筋動得快，但不是深思熟慮的類型
- 很有行動力
- 也有可能是不擅長深思熟慮或與人交談

「最～」「絕對是～」

- 傾向認為自己很優秀、正確
- 有時是因為不安，才逞強這麼說

女性篇

「這是祕密……」

●同伴意識強烈
●有時對同伴以外的人很冷淡

措詞很誇張

●直率地表現情感的類型
●有時也有歇斯底里的一面

使用男性的措詞

●想比對方更站在優勢的位置
●不想表現女性化的一面

「……這是我聽說的」

●希望自己所說的內容能影響別人
●也有可能是看到別人傷腦筋而覺得愉快

「真可愛」

●支配欲很強
●傾向以好惡來判斷事物

「總覺得……」「好像是……」

●過度在意旁人
●不想被別人討厭
●不想太過深入人際關係

「倒不如說……」

●（多用於補充說明意見時）**時常無所適從的類型**
●（多用於聽了對方發言以後時）**雖然喜歡多管閒事，其實是好人**

男女共通篇

「超～」

●對二十歲以下的自己戀戀不捨
●也有在精神層面上還沒長大的一面

「糟了」「你不覺得很糟糕嗎」

●想造成事情很不得了的印象
●對於成為不良少年有憧憬

「果然如我所料」

●容易成為牆頭草
●有時是用在強調自己是對的

「火大」「氣死我了」

●不擅長埋頭苦幹
●很怕麻煩

「但是」「不過」

●想要讓對方認為自己說的才正確

不時夾雜方言

●隨著情緒起伏而改變遣詞用字
●對家鄉無法割捨

使用年輕人才用的鄉民用語或流行話

●強調同伴意識
●排斥同伴以外的他人，不想有深交

即使不熟也使用親暱的用詞

●任何事都想照自己的步調進行
●有時自認為服務精神旺盛

說話使用狀聲詞

●表達能力豐富
●個性很有喜感
●重視感情勝過邏輯

喜歡使用「○○型」來分類他人

●喜歡以標籤化的方式來判斷
●好惡分明

從談話進展看出人性心理

你身邊是否有說話總是條理分明的人，和說話老是沒有重點的人？事實上，從談話進展可以理解對方的心理。

男性篇

先從結論開始闡述

●重視合理性
●性急
●個性表裡一致而誠實

會岔開問題的回答

●不想讓對方發現自己的弱點
●有自尊心過高的傾向

一定會加入笑點

●喜歡炒熱現場氣氛
●如果沒受到注目就會不安
●出乎意料地是容易沮喪的類型

女性篇

一直不說結論

- 企圖詳細描述過程，或者是不擅長歸納說話重點
- 有獨善其身的傾向
- 通常沒有惡意

沒有開場白就滔滔不絕地說個沒完沒了

- 自我中心的類型
- 很多人是透過說話來自我滿足
- 很可能對於身旁的人不夠關心

不論說什麼都會拉回自己的話題

- 認為自己最重要的類型
- 對對方沒興趣
- 有幼稚的一面

動不動就改變意見

- 八面玲瓏的類型
- 缺乏自信，容易依賴旁人
- 如果對方是戀人或朋友，很可能會失去信任感

男性把電話和電子郵件當作聯絡手段；女性則當作表達心情的工具

告訴對方「若是你為我這麼做，我會很開心」，就不致於一再誤會

「搞不懂為什麼她一講起電話就沒完沒了？」

「他寫的信好平淡！」

你是不是曾經聽過有人這麼抱怨？這是有原因的。

溝通可以大分為兩類。

一個是把傳達事項告訴對方當作目的；一個是把感情或心情傳達給對方當作目的。

尤其是電話，男女在處理方式上有很大的差異。

男性通常傾向把電話當作「只是一種聯絡事情的資訊傳遞工具」。然而，**女性則通常傾向把電話視作「能夠相互傳遞感情或心情的工具」**。因此，除了要事，其他毫不相關的內容就會說很多。

換作是電子郵件也是同樣狀況。

男性對於收到的信件，沒回信或回信速度慢，是因為他們把電子郵件當作電話之外的「聯絡事情的資訊傳遞工具」。尤其是如果信件沒有寫重要的內容，在判斷處理順序時，順位就很低，因此就會產生沒回信，或是花費很多時間才會回信的狀況。

女性則是把電子郵件當作「比電話更能輕鬆加深交情的溝通工具」來運用，因此會透過電子郵件報告近況，傳達彼此的心情。大量使用表情符號或貼圖也是因為這個緣故。

這並不是因為男性比較無情所以才不喜歡講電話或寫信，也不是女性比較空閒、怕寂寞，才會老是在電話或信件中講些無關緊要的事，這純粹是因為男女有別。

如果彼此覺得「想和他（她）建立良好關係」，不妨偶爾告訴對方，「要是能為我這麼做，我會很開心」試著把自己的期望或想法向對方表達。

男性對再小的事也會相互競爭；女性則相互合作

男性是一種喜歡競爭的動物，這是因為受到男性荷爾蒙很大的影響。

在母親體內時，男性便接收大量構成男性荷爾蒙大半部分的「睪固酮」（androgen），而形成男性的大腦。這種男性荷爾蒙，不僅形成身體的功能，也是形成攻擊性、鬥爭本能的特質。女性因為睪固酮較少，所以攻擊性及鬥爭本能不像男性那樣頻繁發生。

這對建立人際關係也會有很大的影響，依據性別會產生很大的差距。具體來說，會有以下的差異。

男　性

●重視能否獲勝，即使很小的事情也想競爭。
●和剛認識不久的人，會想要保持一點距離。
●想要建立上下關係。

女　性

●把人際關係視為團體，希望相互合作。
●即使剛認識不久的人，也想建立融洽的關係。
●想建立對等的人際關係。

看到這些差異，應該就能了解，男性傾向喜歡競爭，並不是因為他們個性很差，想把別人踩在腳下。

男性不擅長說謊；女性說謊面不改色

男人一說謊，就會表現在神情、動作上，態度會變得很不自然

女性比男性更擅長說謊。

尤其是有關自己的事更擅長說謊，就算說謊也面不改色。

美國心理學家埃克斯坦曾經對多數男女，進行一項實驗。

實驗是讓男女一對一，剛開始說真話，要求他們中途說謊。

實驗中，確認說話者注視對方的時間比例後，沒說謊時注視對方的時間比例，男女平均比例為六六．八％，然而一開始說謊後，男性注視對方的時間，平均下降了六％；相對的，女性開始說謊後，注視對方的時間反而增長，平均增加了二．二％。

從這個結果，可以明白**男性說謊容易被拆穿**。

除了因為心虛所以不敢注視對方的臉，另外，說謊而無法保持冷靜，動作變得更大更誇張，**表情、動作、態度就容易變得不自然**。

然而，**女性即使說謊通常照樣可以面不改色**。

另外，男女說謊的傾向也有差異。

男性說的謊，通常是「希望社會性的自己受到肯定」，或是「想保護自己」的保身目的；女性說的謊，則通常是基於「希望受到注目」的自我表現欲。

拙於言詞的男人；滔滔不絕的女人

女性比男性擁有更多理解言語的神經細胞

「女人怎麼老是喋喋不休？」

「男人為什麼都不愛說話？」

你是不是也有類似的想法？

一般而言，女性比男性更愛說話。

這裡面有明確的理由，是因為受到和大腦言語有關的神經細胞男女不同的影響。

大腦有關言語活動的部分有兩個，一個是自己開口時的言語處理，一個是負責理解他人說話的言語處理。

目前已知**女性理解言語的神經細胞比男性多**。

而且，相對於**女性能夠左右腦同時併用，讓左右腦同時運轉，邊說邊思考；男性思考通常使用右腦，說話則使用左腦，所以想說的話整理過後才說出來是男性的特徵**。

擅長邊說邊思考的女性，即使一開始說話時還沒有整理好，最後還是能做出結論，在言語方面的能力，比男性更優秀。

男性和女性的口舌之爭之所以會輸，只能說是腦部結構原本就有差異，在言語萬能的女性面前，男性想在言語上勝過女性，或許是件很困難的事。

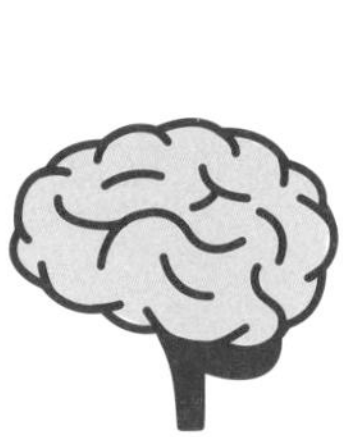

男女都能組成良好團隊的祕訣

團隊是必須朝著相同目標同心協力的組織。那麼，男女都能同心協力的良好工作團隊，是什麼樣的團隊呢？
以下就介紹五項組成良好工作團隊的必要重點。

符合特性、能力的角色分擔

- 領導者要掌握每個人的特徵及能力
- 依照特徵及能力，給予適合的任務

積極提出建議

- 對自己負責以外的事情也積極提供點子
- 注意表達方式，盡量避免引起對方不愉快

遵從決定的內容

- 即使和自己的意見不同，已決定的內容就要遵從
- 重視協調性

不要一個人獨自煩惱

- 和其他成員或領導者商量
- 如果有主動找你商量的成員或領導者，就爽快地和對方商量

無法應允時直接拒絕不需介意

- 無法做到對方的要求時，必須說明原因後拒絕
- 態度不要模糊曖昧

從表情、動作、視線 看穿男人的好感

女性對於抱著好感的男性，應該會想得知對方對自己有什麼看法不是嗎？

這時候，有一些可以看穿男性是否對你有好感的方法。由於男性的非語言溝通部分（表情、動作、視線），通常可以透露出他的心理狀態，很容易暴露出他的內心。

只要看到對方出現類似以下的行為舉止，或許就是對方對妳有好感的證據。

1 總是注視著對方

男性會一直注視著喜歡的女性。也就是說，這就是他正在瞄準中意的女性，希望有四目相投的機會。

2 姿勢變得不端正

在抱持好感的女性面前，男性可能會有一側肩膀下垂等，姿勢變得不端正。

3 臉或身體傾向對方

當喜歡的對象坐在身旁時，不僅是臉部，連身體都會傾向對方。

4 使用第一人稱頻率變高

希望喜歡的女性能夠知道自己，說話時使用第一人稱的頻率會大增。

即使是不擅長以言語表現的男性，仍然有很多能透過言語以外的部分來解讀情緒的訊息。只要用心觀察對方的非語言溝通部分，就能感受到超過談話內容的感情。

打動心儀異性的溝通技巧

必須鼓起勇氣才能提出約會時……

先從小小的請求開始

為了讓對方答應主要的請求，先從小小的請求逐漸擴大，對方自然就比較不會拒絕。

「我想找一本好看的小說，你能給我一點建議嗎？」

▼

「這次讓我向你推薦一本書，傳書籍的網址給你好嗎？」

▼

「推薦的小說改編成電影了，要不要一起去看呢？」

類似這樣的方式，就能逐漸引導至兩個人一起出去的機會。

第一印象並未留下好印象時……

製造落差

你是否曾有這樣的經驗？即使一開始印象並不好，只要後續產生良好印象的落差，魅力就能上升好幾倍。
第一印象看起來有點兇的人，卻彬彬有禮地打招呼，就會令人覺得是很棒的人，看起來像不良少年的人，搭電車時讓座給老年人，就會令人覺得格外親切不是嗎？

落差效果的特性是當負面情感變成正向時，效果格外明顯。

- 當對方說「看起來很文靜」時……
  ➡表現出開朗的一面。
- 當對方說「你的工作似乎很嚴肅」時……
  ➡盡情表現熱情的一面。
- 當對方說「你相當一板一眼」時……
  ➡表現出大膽的一面
- 當對方說「你似乎很會玩」時……
  ➡表現出認真嚴肅的一面

即使對方對你的第一印象不好，還是可以透過之後的應對讓對方翻轉印象。

希望增進親密關係時，男女利用身體接觸都能發生效果

情緒高亢時，肌膚接觸有相乘效果

任何人都會有「希望別人重視自己的欲望」。透過與他人的身體接觸，能夠滿足這樣的欲望。

「希望和意中人有更進一步的發展」、「希望對方能把我當作戀愛對象」等，有這樣的想法卻無法掌握臨門一腳的契機時，不妨試試看身體的接觸。有身體接觸機會時，提醒自己這是「支援熱度上升的感情」。

比方說，一起喝酒而情緒變得高亢的時候、通過考試的時候、升遷時、心情高亢、發生開心的事情時，不妨積極地握對方的手，或是互相擁抱。

這時候如果對方自然流露開心的表情，就是可以縮短距離的訊號，如果顯得退縮，就是僅止於朋友的訊號。

身體接觸和情感能發揮相乘效果。

撫觸肩膀、輕拍手臂、稍微撫摸一下手，習慣了輕微的接觸，在感情升溫時，不妨進一步大膽接觸。

這或許能成為讓關係更親密的契機。

只不過，男性對於還不太熟悉的女性，太大膽的接觸被討厭的可能性很大，所以需要注意。

不論男女都會喜愛真情流露的人

「坦白直率的人，不論於公於私都受人喜愛」

直率地表現感情，是增進與他人更圓融的必要溝通方式。感情用事的人，不論男女都會被認為是缺乏理性的人。尤其是生氣、嫉妒等負面情感表現過度時，會讓對方不愉快，招來厭惡。為了避免這種情況，所以有些人就不在別人面前流露真正的感情。

只不過，壓抑或隱藏感情成了習慣時，有時在旁人看來就會認為你是漠不關心，或是毫無感情的人。

如果面對希望發展成戀愛關係的對象，或是「希望能夠得到這個人的信賴」，最好不要過度克制自己的感情。

也有這樣的研究結果。

- **表現得感情豐富時，容易讓對方印象深刻。**
- **讓對方的情感產生變化時，就容易加深印象。**

如果想運用這個原則，不妨在對方面前表現出你的真心，「和你在一起非常開心」、「只要和你在一起就很快樂」等。只要能讓對方的情感產生變化，就更容易在心裡留下你的印象。

這麼一來，就很有可能因此產生戀情，或是在工作上發生信賴關係。

有時候，不僅是開心的情緒，悲傷、痛苦的情緒也不妨率直地表現出來吧！

「他只在我面前表現出真正的感情」的想法，能夠轉化成「我受到信任」、「我想守護著他」等想法，因而產生親密的關係。

無意和對方交往時，不論男女都應該明確地拒絕

被討厭的人告白時，誰都想要立刻拒絕。但是，一想到可能因此招來怨恨，就無法果斷地拒絕對方。話雖這麼說，如果沒有明白地拒絕，對方很可能會錯意，這種情況下究竟該怎麼做才對呢？

1 表示拒絕

「很抱歉，我無法和你交往。」

2 說些不痛不癢的社交辭令

「工作請加油！」
「祝你今後事事順利！」

3 最後再次拒絕

「無法和你交往，真的很抱歉！」

不能說的用詞

✕ **「我配不上你」**
「要是我早一點知道的話……」

不要讓對方抱著希望

如果覺得自己還有希望，對方的情愫可能會越來越膨脹。
然而，這麼一來，當希望落空時就會更加沮喪，有時候可能會招來怨恨。

雖然不想傷害對方、惹對方生氣的想法也很重要，但是必須明確拒絕對方時，不論是男是女，都要特別記住這樣的想法反而會產生反效果。

讓不說出結婚意願的男人決定的方法

「豁出去提出大膽提案，答案就會出現」

你是否有過這樣的經驗？想跟對方談正經事，對方卻吊兒郎當地把話題岔開。

男方一直不願意果斷面對結婚問題，而女方希望他果斷決定時，有一個方法希望妳務必試試看。

比方說，當妳問他：「要不要跟我爸媽見面？」他卻老是推諉：「最近工作很忙，再等一陣子吧！」一再重複類似的情況時，妳不妨提出令他意外的第二個方案，如「我們找找看兩人一起住的新家吧！」「要不要先寫結婚登記申請書？」「先決定一下要請誰來喝我們的喜酒好不好？」提出有關結婚事宜的討論。

針對某一件事，一方說「這是白的」，另一方則堅持「不，這是黑的」，這麼一來就會彼此爭論，因而導致吵架。

針對這樣的狀況，有些男性因為不喜歡爭論，所以會採取「我真希望妳能說這是黑的」，不否定對方，以平靜的方式掌握話題的主導權。

想避免爭吵，也想避免對方採取主導權，不妨從其他角度提出第二個方案，也就是「**那麼，就不要白的，也不要黑的，選紅的好了**」，透過大膽提案，或許可以有新的發展。

不論對方產生什麼反應，至少不會和過去一樣地無疾而終。

Column

判斷對方的步調是否和自己一致的方法

彼此敲一敲桌子，就知道步調是否一致

人都會有和自己在「精神步調」合得來、合不來的人。所謂的精神步調，就是表現在精神作業或動作上，當事人自然而然覺得舒服的步調。

有時候並沒有刻意去注意，但是卻會覺得「我和這個人，感覺上說話的節奏或做事步調很合拍」不是嗎？這就是因為精神步調吻合的關係。另一方面，有時則會覺得「我跟不上這個人的速度」，或是「和他在一起，我的節奏就會亂掉，覺得好累」，這就是精神步調不合的關係。

那麼，我們如何判斷精神步調合還是不合呢？

以喜歡的速度用食指在桌子上敲一敲。所敲的速度，就是對你而言的精神步調，什麼樣的速度會覺得舒服，因人而異。

然後請對方也以喜歡的速度敲一敲。如果對方和你以相

同的速度敲，就是精神步調相似的人，也就是工作或其他活動速度合得來的人。

雖然很簡單，卻可以輕易判斷結果，請務必試試看。

1 以喜歡的速度（用食指）敲一敲桌子。

2 請對方也同樣敲一敲桌子。

和你以同樣的速度敲桌子

||

工作或其他活動
速度合得來

第5章

男女在戀愛、結婚觀上的特徵差異

男人把戀愛和結婚當作兩回事；女人把戀愛當作結婚的前奏

「對男性而言，「戀愛＝遊戲」；對女性而言，「戀愛＝結婚」」

有人說「戀愛和結婚是兩回事」，實際上如何呢？

其實，男性和女性的想法並不相同。

男性在戀愛及結婚方面，選擇對象的標準明顯地有改變。

對男性而而，「戀愛只是遊戲」的感覺很強烈，所以選擇戀愛對象時，傾向挑選性感、美女等，外表具有魅力的女性。

但是，要結婚時則另當別論。

一想到每天要共同生活，是一輩子陪在身邊的伴侶，外表因素就會陡然下降，「家庭型」、「個性好」、「知性」、「賢淑」等，所選擇的幾乎是和戀愛截然相反的條件。

相對的，女性則不像男性這樣把戀愛和結婚當作兩回事。女性和男性同樣享受戀愛時，卻無法斷言絕不會懷孕。因此，無法和男性一樣，把戀愛當作遊戲。

因此，**女性談戀愛時，也會以對方是否能守護自己或孩子的標準來看待對方。**

這是因為女性把結婚視作戀愛的下一步。

只不過，近年來女性也偏好帥哥的熱潮，或許是女性戀愛觀、結婚觀改變的前兆。

【女人對於結婚對象的男人要求更多】

「從眾多男性中，挑選最優秀的一個」——這或許可以說是女性的本能。女性挑選男性的眼光很嚴格，其中有三個原因。

1 因為她們要判斷男性是否有經濟能力

雖然近年來雙薪家庭增多，但是和男性不同，結婚及生產將改變生活型態的女性，家庭經濟由男性承擔仍是一般的觀念。

2 判斷是否能接受女方的狀況

比方說，婚後或生產後仍想繼續工作的女性，男性是否能理解，是一項不可或缺的要素。此外還有和對方的父母共同居住的問題、未來照顧年老父母的問題等，有許多必須慎重考慮的因素。

3 因為卵子數量壓倒性地少於精子的關係

男性生殖細胞（精子）和女性生殖細胞（卵子）有很大的差異，其中一項壓倒性的差異，就是數量的差異。精子一次可以釋放出數百萬個，而且平均一小時可以補充一千兩百萬個，相較之下，卵子一生僅能製造四百個左右。

在人生有限的時間中，考慮到妊娠、生產等因素，女性基於本能會設定較高的門檻來要求男性。

女性討厭在結婚上妥協的原因，其實只要想像看看數量龐大的精子，朝向同一個卵子，以拚命的速度前進的景象，對照現實中的男女，或許就可以理解吧！

選擇另一半時，男人以數量為優先；女人則以品質為優先

「男人希望留下眾多子孫；女人希望留下基因良好子孫」

挑選伴侶時，男性基於本能想留下更多子孫，所以會想和多數女性有性愛關係。相對的，女性為了守護自己和孩子，基於本能會希望和擁有基因良好的男性有性愛關係。

有位心理學家，對於男女學生在性愛及知性上的差異，提出以下的問題。

一、對於自己的伴侶能接受的最低智能程度到哪裡？

二、只約會一次的對象，能接受的最低智能程度到哪裡？

三、對於性愛對象，能接受的最低智能程度到哪裡？

四、如果是一夜情不會再見第二次的對象，能接受的最低智能程度到哪裡？

結果，第一項「自己的伴侶」和第二項「只約會一次的對象」，男女都在平均以上，或者可以說男女都要求平均以上的智能程度，男女之間差距並不大。

然而，第三項「性愛對象」中，女性仍要求一定的智能程度，但男性的回答則多數認為其腦筋比約會對象差也不介意。男女之間產生極大的差異。

至於第四項「不會再見第二次的對象」，男女要求的智能程度，差距更加擴大。

男性要求與更多女性有性愛關係，超過對智能程度的要求；女性則是嚴格篩選男性，可以說都是基於本能的結果。

對性愛有興趣的男人；對約會優先的女人

男人基於本能求取性愛行為

在約會初期有關性愛的行為方面，男女也有很大的差異。說的極端一點，**男性想和女性做愛的興趣勝過約會，可以說對於做愛，男性的積極度和女性的消極度呈現對比。**

心理學家曾在校園中進行一項實驗。很有魅力的女大學生對一個人走在校園的男學生說：「我一直很喜歡你，你很有魅力」，接著提出以下其中一項邀約——

一、「今晚要不要和我一起出去？」
二、「要不要來我住的公寓？」
三、「要不要和我上床？」

然後記錄下男學生的回答。

同樣的，也找了很有魅力的男大學生對女學生提出邀約的實驗。

結果，對於約會的邀約，男女都各占了半數答應邀請。但是，對於當日就提出上床的邀請，則沒有任何一個女性答應。

然而，男性卻有百分之六十以上答應去公寓，對於上床的邀約，則占了百分之七十答應。

近年來雖然對異性消極的草食男，以及相反的，對異性積極的肉食女頗受注目，但是，男性對於偶然的性行為抱著積極態度的狀況，或許可以說是本能。

男女共通點
「從拒絕方法判斷對約會的熱衷度」

好不容易開口提出約會，卻被拒絕，失去下次邀請的勇氣……
不過，其實拒絕的話背後，說不定隱藏著下次成功的可能性。

拒絕的話語背後所隱藏的真心話，可以從拒絕內容推敲出來。

下次還有機會的情況

「因為我和媽媽要○○，必須出門……」

「因為要去看牙醫……」

→清楚說出有什麼事情

下次可能性很低的情況

「因為有點事……」

「因為要出遠門……」

→沒有清楚說明有什麼事情

男女共通點「從回答了解對方是否可能答應」

被異性追求、被拜託什麼事情、被問到某些事，對方回答的 YES 或 NO，有時候和內心所想的其實相反。
口氣中有沒有抑揚頓挫或節奏，是判斷的重點。

YES的情況

●**說話時有抑揚頓挫**
●**回答時有節奏感**

NO的情況

●**說話時缺乏抑揚頓挫或節奏感**

這種情況，即使對方口頭上說 YES，內心想的卻是 NO。

自戀者不論男女都是容易出軌、感情不穩定的人；過度寬懷大量的人容易被劈腿

了解自戀程度的六大特徵

「容易外遇的人通常很自戀」的調查報告，也從心理實驗中證明。所謂自戀者，就是對自己的愛最強烈，認為自己最優秀、最可愛的人。

這並不僅限於男性或女性。因為覺得「我最優秀、最可愛」，所以無法理解他人的悲傷、痛苦，缺乏共鳴。

另外，**因為深信「只有我最特別」，所以也會認為外遇、劈腿都理所當然該被原諒。**

是不是自戀，可以從是否符合以下六個項目來判斷。

- **自我中心（一個人占盡所有便宜）**
- **缺乏共鳴（無法理解其他人的立場）**
- **穿著較暴露（對身體有自信、喜歡炫耀自己的身體）**
- **誇大的（把自己置於較高的位置）**
- **特權意識（認為自己比較特別）**
- **壓榨他人（為了金錢可以利用他人）**

另外，這樣的人也有容易遭到劈腿的特徵。

經常處於情緒不安定，讓對方焦慮不安的人，在一起也無法平靜，這麼一來，對方因為覺得透不過氣，因而找其他人避難（＝外遇）。

只不過，**心胸太過寬大的人，也會因此讓對方天真地以為「不管我做什麼，這個人都會原諒我」，因而發生被劈腿的情況。**

像這樣，不論男女都會有背叛伴侶或遭背叛的傾向，所以選擇伴侶時，或許一開始就要先提防比較好。

女人對嫁入豪門的願望

全世界的女性都很重視男性的經濟能力

和有錢的男性結婚，嫁入豪門的女性，常會被電視節目報導出來。

女性想和經濟能力佳的對象結婚，是出於一種本能。最主要的原因是女性通常會意識到生育子女是自己重要的任務。

當然，希望過著衣食無憂、輕鬆享樂的生活也是確實，但人類從出生到成長，需要長期的撫育，保障長期生活的經濟能力無論如何都是必要的。

有關選擇配偶的條件，曾有某項國際調查——在三十七個不同文化圈生活，超過一萬人的男女為對象，請他們針對所期望的配偶資質，將十八個項目依照重要度排出順序。

結果，不論國籍，女性都非常重視結婚對象的經濟能力，以比例來說，約為男性的兩倍。日本甚至高達二點五倍。

雖然日本現在已有很多女性經濟獨立自主，但直到不久前，社會和經濟都還是以男性為中心。男性獨占性的工作有極為長遠的歷史。女性要成為有錢人的最佳捷徑，就是和經濟能力佳的男性結婚，事實上，現在也沒有太大的變化。

要求能保護自己和孩子的有錢男性，是女性的真心話，或許也可以說是本能。

女大男小，姐弟戀交往的好處

女性在工作上展現成果的人不斷增加。而近年來，女性比男性年長的伴侶也跟著增加。
乍看之下，選擇不可靠的年輕男性為伴侶，其實有很多好處，以下便舉出其中五個優點。

1 不會有自尊心過高的問題

男性基本上都有自尊心過高的問題，但社會經驗較少、比自己年輕的男性，較不會有頑固的自尊問題。

2 願意率直地為自己而努力

直率而有彈性的年輕男性，能接受女方的建議或提醒，願意為女方而努力。年紀較小的男性有配合女方的喜好，努力改變的可能性。

3 有活力

年輕有活力是小男生的特權。雖然因為年輕可能有不成熟的部分，但是對於年長的女性而言，也是挑起母性本能的因素。

4 因為過去經驗較少，相對的嫉妒對象也少

雖然因人而異，但是戀愛經驗平均而言，年輕的比年長的少是理所當然。嫉妒過去交往對象的人數相對地較少。

5 對年輕男性更容易撒嬌

事實上，越幹練的女性，對比自己年輕的男性越容易撒嬌。女性原本就處於被動位置，基本上有向伴侶撒嬌的欲望。
年輕男性被幹練成熟的女性撒嬌，反而能激起男性的自尊而感到喜悅，因而使得年長幹練的女性更能放鬆撒嬌。

要攻下男人，女人的性感是一大武器

「性感的女人會被同性討厭」

看到性感妖艷的女性，男性很自然地被吸引。

這是因為性感的女性，在男性眼裡，是能夠滿足性欲望的象徵。

如果能意識到男性這樣的本能，女性就能把愛神的箭射中心儀男性的心。

比方說，只有兩個人碰面時，穿上比平時露出更多肌膚的衣服、帶有性感意味的嘴唇，塗上較艷澤的口紅、穿上能讓男性小鹿亂撞的內衣、或是把頭髮紮起來，露出更能表現出女人味的頸項等等。**藉著性感的表現，讓男性產生「我想得到她」的想法。**

那麼，從同樣是女性的眼中看來，對於性感的女性會是什麼感覺呢？

和男性相較之下，喜歡寫真偶像的女性少得多，就可以知道男性偏好的性感女性，但在同性中並不受歡迎。

比方說，男性認為「似乎很享受性愛」的妖艷類型女性，女性評價就成了「輕浮的女人」；男性認為天真可愛，產生「我想好好引導她」的女性，則被認為是「裝清純」；男性認為「似乎能被包容」的溫順女性，被說是「諂媚」；男性認為「似乎能令我很開心」的時髦女性，則被說是「花枝招展」。

這些尖酸刻薄的批評，想必是因為**讓女性不自覺地產生「心上人會被她搶走」的危機感**吧？

因此，**男性所喜愛的女性，往往會讓其他女性批評得毫不留情。**不要總是打扮得很性感，只有和男性兩人獨處時才表現出性感的一面，或許就不會讓周遭的女性產生敵意了。

欠缺父愛的女人，極端容易被年長的男人吸引

從伴侶身上渴求父愛是一大主因

童年時，父親忙於工作所以很少在家；原本父親就鮮少關心孩子；父母感情很差，因此極少受到關愛等，出生後父親是最初接觸的異性，卻從童年時就很少感受到父愛的女性不在少數。

有這類背景的女性，很容易發生某種特別的行為。她們有許多人會受到年紀超過一輪以上的年長男性吸引，甚至成為別人家庭的小三。

另外，也有人因為缺乏被愛的自信，以致對戀愛特別膽怯。

女性在童年時需要父親適度的關愛，沒有得到充分父愛時，為了消除寂寞、飢渴的情感，就會過度向其他男性索求愛情。

女性對於父親抱著強烈愛戀或依賴，在伴侶身上尋求父愛的心理狀態，稱為戀父情結（Electra Complex）。

和年紀超過一輪以上的男性結婚，婚姻生活美滿的伴侶雖然很多，但是如果在不自覺的狀況下，向伴侶持續尋求父愛，婚後有時候會形成猶如父女的關係，或是變成無性生活。

如果要避免這樣的狀況，重要的是首先成為獨立自主的女性，不是依賴關係，而是營造與男性平等面對的環境。

女人從劈腿、外遇求取心理滿足

「希望被某個人接受」的心情，是走向外遇的主因

即使知道劈腿、外遇在道德倫理上是不應該的，任何時代都會有這種情況的發生，這是為什麼呢？尤其是女性，必須付出的代價更是難以計算，明知如此卻仍然外遇的女性，就是因為可以從其中獲得好處。

女性劈腿或外遇，基本上可能有以下三種情況。

一、目前的伴侶陷入貧困。
二、認識比現在的伴侶經濟條件更佳、對自己更感興趣的人。
三、和現在的伴侶相處出現問題，長期相處一成不變，失去新鮮感。

伴侶對自己失去興趣，女性在精神上無法被滿足，就會渴求能肯定自己的男性。

根據美國心理學家對外遇心理的調查，經驗過外遇體驗的女性，以「外遇的好處」來說，可以滿足以下的心理。

- **身為女性的自信。**
- **因為外遇對象對自己有興趣，在一起時自我評價更高。**
- **增強自尊心。**
- **變得有自信，所以能對伴侶有比過去更聰明的判斷。**

從這個結果就可以知道，**女性外遇的動機，與其說是受到性的吸引，其實滿足自尊心及被肯定的欲望意義更大。**當然，這並不僅限於女性，也可以說是失去自信和自尊心的現代男性，劈腿或外遇的原因。男性精英失業後外遇，就是因為同樣的心理作祟。

婚後變成無性生活的原因

「男人是因為忙碌或壓力；女人主要是因為生理因素」

夫妻間的煩惱之一無性生活的問題，現在不僅是熟年夫妻，連年輕夫妻也面臨這個問題。

變成無性生活的原因有很多，但女性和男性有不同的原因。

女性把丈夫視作有如血親（親子、兄弟）般的關係，勝過視作伴侶關係，此外，生產後荷爾蒙失衡使得性欲減弱，或是平時的不滿導致生理上無法接受對方。

尤其是女性很容易因為對於配偶的不滿日積月累，從心理上的厭惡轉變成生理上的厭惡。不要說被丈夫碰觸了，就連在同一個房間睡覺，都感到討厭，當然會演變成無性生活。

另一方面，**男性會變成無性生活的原因，則是工作忙碌或壓力**，另外，因為育兒忙得團團轉而疲憊不堪的妻子，如果持續拒絕丈夫，或是丈夫眼中的「妻子」單純變成「母親」的角色，性欲就會消失。

小孩出生，夫妻成了父親、母親，伴侶關係變淡的夫妻很多。另外，**有些感情太好的夫妻，婚後做愛時產生有如近親相姦的感受。**

不論結婚後或生產後，還是保留對於彼此是異性的感覺比較好。共同生活之下，習慣彼此是理所當然，但對於彼此體貼的心仍是必要的。

男人求婚對象是和自己有同等吸引力的人

選擇外貌同等程度的對象較妥當是思考因素

「希望結婚對象是帥哥」、「當我老婆的人，要是能夠讓我自豪的美女就好了」，類似這種想法的人我想應該不在少數。

心理學家伊蓮恩．哈菲德（Elaine Hatfield）把選擇結婚對象視作市場，定義成市場原理的運作。在這個市場，魅力就是資產。在市場中，沒有資產，也就是長相很抱歉的男性，他會認為即使向美女求婚也會被拒絕。

被拒絕會造成心理上的極大損失，於是男性就思考向成功機率較高的人求婚，但是，如果對方沒什麼魅力，就沒有想結婚的欲望，於是**以最低成本求最大報酬的結果，預測男性會向身體魅力度和自己差不多的人求婚。**這就是伊蓮恩的匹配假設（Matching hypothesis）。

為了證實他的假設，他把已經有婚約，或是確認是男女朋友的九十九對情侶照片拍下來，然後把這些照片交由八個評審員，客觀地分別以一到五分，為他們的身體魅力程度打分數。結果發現，兩人魅力指數差距在零點五分以下的情侶超過六〇%，他們外表魅力非常相近。

接著，他又把這些情侶的照片打散，然後隨機重組成暫時情侶組，這時發現魅力度差距在零點五分以下的暫時情侶組，只有四九%。

從這個結果可以得知，現實世界中的情侶，會選擇彼此魅力指數相符的人交往。當情侶站在一起令人覺得「很相配」，交往多數較順利，或許就是這個因素吧！

有相同興趣的人更容易順利交往

「興趣相投的話，異性關係及人際關係都能順利圓融」

你是否曾經喜歡上有相同嗜好的人？

工作上的同伴，如果有興趣相投的人，是否覺得更有親近感？

人們對於思考和興趣相同的人，有抱著好感的傾向。

比方說，有個喜歡網球的人。如果能有一起打網球的同伴或情人，就會覺得更棒。能共同度過快樂的時間，也能產生一體感。

另外，和嗜好相同的人交談，氣氛更熱絡，意見也往往能達到一致。談到喜歡的話題時，「我覺得那個很稀有」「沒錯，就是跟你說的一樣！」「真希望你能再多跟我說一些」「那就下星期再見個面吧！」透過交談，彼此覺得「意見受到肯定」，就能更有自信。

像這樣有了共通的話題，就能更輕鬆交談。

藉由愉快的交談消除壓力，心情也能得到滿足。

不論是談戀愛、朋友關係或工作上的同伴，擁有共同興趣就能讓親密度迅速增加。**從事喜歡的事情並一起度過的時間，能產生特別的連帶感，即使爭吵，共同興趣也能成為和好的契機。**

如果覺得「希望有伴侶」「想要同伴」，建議尋找興趣相投的人。如果已經有伴侶或同伴的人，不妨設法去發現彼此共通的興趣。

「從邂逅到建立親密關係的三階段」

近年來離婚的夫妻增加，不過，據說要讓婚姻幸福美滿踩穩三個階段非常重要。

心理學家莫斯特因（Murstein）說明原本陌生的兩個人，從邂逅到關係變得親密，有三個發展階段，困難的是男女所重視的內容不同。

第一階段：刺激（stimulus）

剛開始是**外貌、社會地位等外在可見的刺激，決定是否能成為情侶。**因為人們一開始都是受到長相、體型、服裝、表情、動作等身體行為特徵或社會地位吸引，也就是因為「刺激」而心動，與對方變得親近。

第二階段：價值（value）

然而，進入交往階段後，**價值觀是否相似，就會成為最重要的因素。**因為相同興趣、運動的喜好、意見一致等共通點而受到吸引，就能變得更加親近。

第一階段：任務（role）

變得更親密後，共同作業就會變多，**可以任務分擔就會成為重要因素**。能夠互補、合作無間，才能真正結合成親密關係，能夠考慮到是否結婚。

一步一步踏穩這樣的階段走向結婚，因為能確實建立信任關係，所以就容易擁有幸福婚姻。

不論男女都不要過度奉獻才能天長地久

「公平感比奉獻一切更能使戀愛持久」

很多人一旦有了心愛的人，就竭心盡力奉獻一切。

但是，如果單方面過度奉獻，就很容易走向分手。

奉獻的一方很容易認為「我為你做了這麼多，你不是應該也要回報我嗎」，但是**在戀愛方面，未必得到徹底奉獻就會增加好感，關係也未必因此就能對等和順利**，這已經在心理學上經過許多實驗及調查證明。

曾有一項針對大學情侶，有關公平性與關係的問卷調查。在問卷中有四道問題——①自己對於兩人的關係付出的程度、②對方對於兩人的關係付出的程度、③自己在從兩人的關係受惠的程度、④對方從兩人的關係受惠的程度。

問卷中也問到兩人之間的性關係，以及兩人會持續到什麼程度的可能性。然後，經過三個月後再次調查兩人的關係是否仍舊持續。

結果，認為從兩人關係中較少受惠的人，以及相反的，從兩人關係中認為過度受惠的人，都有逃避性愛的傾向。

由此可知，**性行為是在兩人覺得對等的關係下才能如魚得水。**

另外，彼此處在公平立場的人，比立場並不公平的人，被認為關係更能長期持續。

談戀愛若是無法取得兩人心理關係的平衡，就無法長期持續。

如果單方一味地奉獻過度，可能連愛都會失去。

男女都應該了解的「良性爭吵」、「惡性爭吵」

不論男女，有「不擅吵架」的人，也有「老是吵架」的人。尤其是男女之間的爭吵，有的爭吵可能導致分手，有的爭吵則是拉近距離的契機。那麼，良性爭吵和惡性爭吵有什麼差別呢？

惡性爭吵的情況

1 帶著惡意爭吵

「對這個人懷有惡意」，刻意讓事情不斷往負面的地方發展而爭吵。

2 爭吵時不斷揭出過去的瘡疤

「你總是○○」、「你從以前就這樣！」不斷把過去的事一直挖出來，就很容易使對方反唇相譏，「你才是！」

3 以爭個輸贏的心態爭吵

彼此以「爭個輸贏的心態爭吵」，無法促進彼此的了解。

4 擅自定論

「會○○，就是會變成△△」，對於所說的事，擅自下結論，對方無法消化這個狀況，因而更加焦躁。

良性爭吵的狀況

1 清楚告訴對方不滿的狀況

・具體告訴對方哪裡不滿。
・不否定對方人格（例如：你這個人最差勁了！）

2 即使責備對方，也不會流於情緒化

・即使責備對方，也不會一昧反駁。
・能接受對方說的，就容易平息爭吵。

3 以表現出願意聆聽的態度

・確實傾聽對方說的話。
・以坦誠的態度面對對方，對方也會冷靜下來。

4 正視自己真正的感情

・確認自己正在生氣這件事。
・如果掩飾自己的情緒，永遠都會留著疙瘩。

就算是吵架，也希望
能成為讓感情更好的
契機

結語——正因為男女有別，所以多彩多姿

非常感謝您將本書讀到最後。
男性和女性的差異，你是不是已明白其中明確的原因了？

「最近我開始覺得她的鼻子好可愛。」
「這陣子覺得他的味道很舒服。」

「為什麼他要留鬍子呢？」
「為什麼她老是做個性化的打扮呢？」

「他為什麼打扮這麼走極端？」
「她為什麼堅持要化那種妝？」

就如我在本書中的解說，這些地方也都表現出男女的差異。

如果能了解男女間多數差異，是因為文化、成長環境、腦部構造不同、各自的本能差異（進化的差異），或許就能改變想法。

「既然這樣，也是無可奈何。」

「接受彼此的差異，找出彼此都能接受的相處方式吧？」

「試著改變接觸方式吧？」

常會聽到很多人在了解男女的差異後表示——

「原本認為『為什麼你不能了解我』的焦躁感消失了。」

「另一半對我變得體貼了。」

「我懂得如何跟異性上司及部下相處的訣竅了！」

我們與異性發生誤會時，總是很容易變得感情用事，但是，為了彼此相互了解，或許了解有關男女各自特性的知識，是一件非常重要的事。

心理學告訴我們人類深奧之處及有趣之處。

男性有男性的長處；女性有女性的優點。

有些事只有男性才做得到；有些事非得交給女性才行。

能夠靈活運用彼此的優點，人際關係、社會、伴侶關係一定能夠更和平幸福。

若是能從本書中得到提示，將是我最喜悅的一件事。

最後，感謝出版本書的神吉出版社山下津雅子常務、SILAS顧問公司的責任編輯星野友繪給予莫大的協助，在此致上深深的謝意。

二〇一七年一月　齊藤　勇

這裡介紹能看出深層心理的十題心理測驗。
抱著輕鬆的心情，以直覺選出答案吧！

心理測驗 1

你要在自己的房間擺裝飾品。你會選擇哪一個呢？

A. 今年生肖的擺飾

B. 不倒翁

C. 小豬撲滿

D. 動漫等角色人偶

E. 金字塔型的擺飾

A 從這道問題，能夠了解當你在某件事想獲得成功時，你會仰賴什麼事物？

解說

A
相較於自己的努力，更依賴神佛等肉眼看不到的神奇力量，等待成功奇蹟降臨等，依賴其他力量的類型。

B
盡人事聽天命的類型。雖然也會以自己的努力克服，但最後還是任憑運勢決定的類型。

C
認為成功的捷徑還是得靠金錢的類型。

D
開始做什麼事，或是遇到困難時，立刻向父母或周遭的人求救，或是借用成功者力量的類型。

E
透過努力而達成的類型。希望藉由對該領域的深度知識，打開成功之門。

心理測驗 2

你即將到達一座南洋上的孤島。眼前有椰子樹、蔚藍的海洋。於是你拍下一張照片。你拍的照片會是哪一張呢？

A. 海洋和陸地占的空間差不多一樣

B. 小小的島和廣闊的海洋

C. 大大的島和小小的海洋

D. 島的四周波浪拍打著

A **海象徵心中的女性部分，島則象徵男性部分。從這道問題可以了解「你心中男女的平衡」程度。**

解說

A

男性、女性取得平衡。能夠兼顧工作及私人生活的人。

B

如果是女性很有女人味，男性則是女性的部分比較明顯。有豐富的想像力。採取能發揮創意才能的生活方式或許比較適當。

C

如果是男性很有男人味，女性則是男性的部分比較明顯。適合把才能運用在工作等社會生活中。

D

雖然依據島很大或海很大在判斷上會有所不同，但心中都是男性部分與女性部分處於糾結的狀態。現在的你是不是有些逞強呢？

心理測驗 3

你的面前有著看起來相當美味的晚餐。哈蜜瓜、麵包、牛排、紅酒。想像看看身邊的人，誰最符合這些食物的印象，請你從周遭的異性，分別挑出符合的人選。

A

嘴巴這個器官，原本在性方面就有強烈的意義。從選擇符合的異性人選，就可以得知「你和周遭的男性希望維持什麼樣的關係」。

解說

●哈蜜瓜……初戀的對象

哈蜜瓜的印象是新鮮多汁、澄淨透明。符合這個印象的人，就是如同你初戀對象般的人。

●麵包……酒肉朋友

麵包是每天會見到，並不覺得稀奇的日常生活。符合這個印象的人，是你平常不會放在心上、只是玩玩的朋友。

●牛排……性愛對象

有分量而且帶血的牛排，是濃厚愛情表現的印象。符合這個印象的人，是你希望和對方有性關係的對象。

●紅酒……外遇的對象

紅酒和啤酒不同，有點故作成熟的印象。符合這個印象的人，是你希望外遇的對象。

心理測驗 4

校慶時決定推出話劇。你「不想扮演」的是哪個角色呢？

A. 馬

B. 旅人

C. 壞心的國王

D. 邪惡的魔女

E. 王子／公主

A

你在話劇中不想扮演的角色，其實就是你內心的影子投射。自己厭惡的部分，也就是不想被人知道的另一個你，投射在這個角色上。

解說

A

器量狹小、不擅長表現主見。或是比別人有更強烈的性慾。

B

不擅長埋頭苦幹，也稍微有容易厭煩的一面。

C

不顧他人的想法，有自我中心的一面。

D

想要的東西不計一切弄到手的個性，內心可能想過欺負一下大家都喜歡的乖乖牌。

E

裝模作樣、自戀，希望讓別人看到美好的一面。

心理測驗 5

久違的一個沒有排任何計畫的休假日，你打算怎麼度過呢？

A. 在家度過

B. 一個人外出

C. 打電話給男性／女性去約會

D. 邀朋友去購物

A 這道題目可以得知你的「戀愛依賴度」有多少。

解說

A

「自己比戀愛優先」的類型。戀愛依賴度很少，相對的，也有不讓人進入內心的可能性。在談戀愛時，也有可能會令對方感到不安。

B

「戀愛是小菜一碟」的類型。了解自己的步調、享樂的方式，擅長取得平衡的人。不會因為戀愛失去自我，應當也能享受戀愛。

C

「戀愛中毒」的類型。戀愛依賴程度很高，沒有處在戀愛關係就無法滿足的傾向。

D

「不甘寂寞」的類型。傾向想和別人在一起。對戀愛熱中時，戀愛依賴度可能也會變高。

心理測驗 6

你正在看每星期愛看的連續劇。這時候，手機響了，你會怎麼做呢？

A. 不理會

B. 等一下再回電話

C. 總之先接電話，盡快講完

D. 好好地接電話

A 這道題目，呈現出你在談戀愛時，有其他異性邀請時會不會劈腿的態度。

解說

A

「專心一意」的類型。有正在交往的對象時，絕對不會劈腿對吧？

B

「平衡良好」的類型。和交往對象能保持恰到好處距離的人。

C

「劈腿是真心真意」的類型。劈腿時已經出現真命天子，即使劈腿可能性很低，除了正在交往的對象，喜歡上其他的對象的可能性仍然很高吧！

D

「一再劈腿」的類型。戀愛占了很大的分量。劈腿可能性第一名。但反過來說，對方也很可能只是抱著玩玩的心態，最好要小心。

心理測驗 7

你和朋友總共五個人去唱卡拉 OK，你會是第幾個唱的呢？

A. 第一個

B. 第二個

C. 第三個或第四個

D. 最後一個

A 根據唱歌的順位，了解對於金錢的慎重及「儲蓄可能性」。

解說

A

「寅吃卯糧」型。入不敷出，有多少錢都會花光的傾向。必須更重視量入為出。

B

「月光族」型。每月收支勉強可以打平的類型。好好地規畫未來，注意過更簡樸的生活吧！

C

「適度儲蓄」型。恰到好處儲蓄的感覺。只要明確設定目標，就能有更多存款的類型。

D

「守財奴」型。不厭其煩克勤克儉儲蓄的性格。不過，錢還是要有效使用才有意義。不妨想想看所存的錢該怎麼使用吧？

心理測驗 8

你決定在五十年後要取出的時光膠囊裡放入某些東西。
你會放什麼東西進去呢？

A. 情人的照片

B. 真的很重要的
高價珠寶或寶物

C. 現在正流行，就算
很便宜也是時尚的
飾品或遊戲

D. 寫下現在心境的信

A 這道題目可以了解你認為活著什麼東西很重要？希望藉著什麼事物讓生活更充實。

解說

A

認為「和心愛的人一起活下去」是活下去的目的。在意能不能有朝一日和相愛的人一起活下去，可以說戀愛才是人生的類型吧。

B

「累積財富」。你是不是認為在工作上獲致成功，有了地位、財產才是人生的目的？也可以說是活躍的工作狂。

C

認為「永遠要活在當下」是人生的目的。活在興趣中、追求流行的享樂主義者。

D

認為人生的目的是「追求精神上的成長」。希望能花一輩子磨練自己內在的類型。

心理測驗 9

你想呼吸新鮮空氣，於是開車前往山腳下的湖泊。你的面前會是什麼樣的景色呢？

A. 山頂上的湖

B. 針葉樹環繞的湖

C. 沒有任何人、圓形的湖

D. 湖面上有兩隻水鳥、兩艘小船的湖

A　**山裡的湖是位在遠離都市（社會）塵囂或人際關係的場所，可以呈現你的內心世界。**

解說

A

循著山路到達山頂的湖，可以顯示出希望在社會上獲致成功的活力，即使必須歷盡千辛萬苦，你也會設法達成對吧？

B

針葉樹是不受季節、環境左右的植物，表現出你不會顧及他人影響的心境。不依靠他人，憑自己的力量，充滿往堅信的道路前進的活力。

C

擅自定論的類型。傾向沉浸在自己的世界。不妨以成為專家為目標如何呢？

D

兩隻水鳥表示結婚的願望。你是否懷著希望能組一個溫馨家庭的夢想？

心理測驗 10

在年老面臨死去前，你會以什麼形式迎接死亡呢？

A. 暴斃

B. 因為生病在醫院死亡

C. 在自己的家裡，家人圍繞下死亡

D. 因為意外事故死亡

A 表現出你在意人生中的什麼事情。

解說

A

重視「興趣、嗜好」的人。希望盡可能不要受苦。也有不想為別人添麻煩的一面。

B

重視「健康」的人。你是不是認為身體就是資本，希望能藉著最先進的醫學長命百歲。不僅自己，也要關懷家人的健康喔。

C

重視「家人」的人。你是不是認為不論發生什麼事，能夠安心的家庭最幸福。

D

重視「工作」的人。整天忙得團團轉。但是也常擔心因為天有不測風雲，會不會突然發生巨大災害。

辛苦你了～

這是心理測驗的最後一頁。
心理測驗要從本書最後一頁開始喔！

附　　錄

彼此都能樂在其中的心理測驗

一起來 思007

圖解 隨心所欲操控人心的「男女暗黑心理學」：
夠壞更討人愛，相處就要耍手段！以心理學作為武器，再也不用委屈，輕鬆擺平任何人

男と女の心理学入門

作　　者　齊藤 勇
譯　　者　卓惠娟
主　　編　林子揚
企畫選書　曾祥安

總 編 輯　陳旭華 steve@bookrep.com.tw
出版單位　一起來出版／遠足文化事業股份有限公司
發　　行　遠足文化事業股份有限公司（讀書共和國出版集團）
　　　　　23141新北市新店區民權路108-2號9樓
　　　　　電話 02-22181417
　　　　　傳真 02-86671851

封面設計　萬勝安
內頁排版　蔣青滿
法律顧問　華洋法律事務所　蘇文生律師
製版印刷　中原造像股份有限公司
二版一刷　2022年9月
二版四刷　2023年9月
定　　價　360元
ＩＳＢＮ　9786269616077（平裝）
　　　　　9786269616084（PDF）
　　　　　9786269616091（EPUB）

圖解隨心所欲操控人心的「男女暗黑心理學」：夠壞更討人愛，相處就要耍手段！以心理學作武器，再也不用委屈，輕鬆擺平任何人 / 齊藤勇著；卓惠娟譯. -- 二版. -- 新北市：一起來出版：遠足文化事業股份有限公司，2022.9
面；　公分. -- (一起來思；7)
譯自：男と女の心理学入門
ISBN 978-626-96160-7-7(平裝)

1.CST: 成人心理學 2.CST: 兩性關係

173.3　　111011715